Die große Neue Gesamtausgabe

Der neue große Alexander hat seine vorliegende Form in engem Kontakt mit der Schule gefunden. 1976 erschien die erste Auflage der Gesamtausgabe. Nach fünfjähriger Erfahrung mit dem Atlas im Unterricht liegt nunmehr eine gereifte und überarbeitete Neue Gesamtausgabe vor. Die folgenden Ausführungen sollen in kurzer Form in die Konzeption und Darstellung des Atlas einführen, einige Hinweise zur Kartenarbeit geben und anhand ausgewähl- Karteninterpretationen die Auswertungsmöglichkeiten thematischer Beispiel- und Übersichtskarten verdeutlichen.

Die Frage *„Was kennzeichnet die Neue Gesamtausgabe?"* ist grundsätzlich mit zwei Sätzen beantwortet: Bewährtes wurde erhalten und verbessert. Neues wurde aufgenommen, wenn die Unterrichtspraxis es erforderte. Offen sowohl für den Fortschritt als auch für die Tradition bemüht sich der neue Alexander vor allem darrum, den Anforderungen des Geographieunterrichtes gerecht zu werden. Unter diesem Gesichtspunkt wurde die Neue Gesamtausgabe gestaltet und bearbeitet, ergänzt und erweitert.

1. Die **geographischen Grundkarten**, Merkmal aller Alexander Atlanten, wurden ohne Abstriche erhalten. Mit ihnen steht eine in der Darstellung koordinierte Kartengrundlage für alle Räume der Erde zur Verfügung (vgl. Kartenübersicht AW VIII/IX).
   Durch eine weitreichende Entlastung der Deutschland und Europa gewidmeten Karten wurde die Einsatzmöglichkeit im Unterricht wesentlich verbessert. Hierzu soll auch die Einführung in den Kartentyp am Anfang des Kartenteils beitragen.

2. Auch die Zusammenfassung der thematischen Karten in einem **thematischen Block** wurde beibehalten. Ihre Anordnung in Themenkreisen und problemorientierten Sachgruppen auf geschlossenen Seitenaufschlägen entspricht den Erfordernissen des lernzielorientierten Unterrichtes.
   Für die Neue Gesamtausgabe wurde der thematische Teil um insgesamt 76 Karten erweitert. Die einzelnen Themenkreise sind durch Farbmarkierungen leicht auffindbar. Verweise auf die regional gegliederten Grundkarten ermöglichen eine rasche Zuordnung aller thematischen Karten; thematische Kartenordnung und regionaler Zugriff gehen so Hand in Hand.

3. Die Aufnahme zusätzlicher **physischer Karten** entspricht dem Wunsch vieler Lehrer, diesen traditionellen Kartentyp im Alexander zu verstärken. Für Deutschland, Europa und die außereuropäischen Erdteile als übersichtliche Großraumkarten bearbeitet bilden sie ein tragfähiges Gerüst für die topographische Kartenarbeit. In der Verbindung mit geographischen Grundkarten gleichen Maßstabs zu Kartenpaaren fordern sie zu Vergleich und geographischer Vertiefung heraus.

4. Besonders sorgfältig wurden alle **Erschließungshilfen** geprüft und ergänzt. Eine ausklappbare Generallegende (vorn), farbige Suchkarten und graphische Kartenübersichten, farbige Randmarkierungen des thematischen Teils mit ausklappbarer Übersicht (hinten) und Querverweise auf allen Karten, Sachregister und Namenregister erschließen den Atlas unter den verschiedensten Gesichtspunkten.

5. Im ganzen wurde die Neue Gesamtausgabe als **Arbeitsatlas** gestaltet, der die selbständige Arbeit des Schülers fördern und dem Bedürfnis nach umfassender und rascher Information gerecht

werden soll. Neu aufgenommen wurden daher auch *Hinweise zur Atlasbenutzung* und *Erläuterungen wichtiger Legendenbegriffe*. Neu gefaßt wurde die *Statistische Staatenübersicht* und durch sieben *politische Karten* ausgewählter Staaten ergänzt. Beibehalten wurden die Angaben der *Aussprache in internationaler Lautschrift* im Namenregister.

Diese Einführung kann nur einen gerafften Überblick über die Neue Gesamtausgabe, nur einige Hinweise zu Arbeits- und Auswertungsmöglichkeiten geben. Der aufgeschlagene Atlas wird jedoch den notwendigerweise kurzen Anmerkungen Anschaulichkeit und Hintergrund vermitteln — ähnlich wie die Neue Gesamtausgabe erst aus der Praxis des Unterrichtes heraus, nach einer Phase der Einarbeitung, als leistungsfähiges Arbeitsinstrument voll ausgeschöpft werden kann.

Aufbau und Gliederung der Neuen Gesamtausgabe

Die Neue Gesamtausgabe ist — wie alle Alexander Weltatlanten — in einen nach regionalen Gesichtspunkten angeordneten Grundteil und einen nach thematischen Gesichtspunkten angeordneten Teil gegliedert.
Neu im Grundteil sind für die topographische Arbeit konzipierte physische Karten Deutschlands, Europas (Nord- und Südteil) und der Erdteile sowie den Erdteilübersichten zugeordnete Nebenkarten der Tektonik und Niederschläge.
Der thematische Teil wurde um 76 Karten erweitert, so daß nunmehr mit den physischen Karten und den Tektonik- und Niederschlagskarten der Erdteile (im Grundteil) in der Neuen Gesamtausgabe insgesamt 245 thematische Beispiel- und Übersichtskarten zur Verfügung stehen.

Der Grundteil

Der Grundteil stellt für die Unterrichtsarbeit eine umfassende und in der Darstellung koordinierte Kartengrundlage für alle Räume der Erde bereit. Er ist *regional* gegliedert, die Kartenfolge entspricht dem Prinzip vom Nahen zum Fernen: Am Anfang stehen die großmaßstäbigen Karten der deutschen Landschaften 1 : 500 000, am Ende die doppelseitige geographische Weltübersicht 1:60 Mio.
Aufgabe der geographischen Grundkarten ist es, einerseits großräumige und vergleichbare Übersichten über zusammengehörige Regionen zu geben, andererseits eine auf Lernziele und Lerninhalte ausgerichtete Auswertung im Detail zu ermöglichen. Aus diesen Anforderungen leiten sich die ausgewählten Kartenschnitte und Maßstäbe ab.

Deutschland und deutsche Landschaftsbeispiele (AW 6–23)

Deutschland und der eigene Heimatraum rücken auch im lernzielorientierten Unterricht wieder verstärkt ins Blickfeld. Einem entsprechendem Kartenangebot kommt daher besondere Bedeutung zu.
Im Alexander Weltatlas stehen für Deutschland — neben einer Vielzahl von Beispiel- und Übersichtskarten im thematischen Teil — Grundkarten in drei Maßstabsgruppen zur Verfügung. Zehn Karten **deutscher Landschaften** (AW 7–16) im Maßstab 1:500 000 decken einen beträchtlichen Teil Deutschlands ab und erfassen nahezu alle Großstädte und Verdichtungsräume der Bundesrepublik (vgl. Kartenübersicht AW IXf). *Berlin* ist im Maßstab 1:200 000 bearbeitet; im thematischen Teil ist es zusätzlich unter der Thematik „Werden einer Großstadt" behandelt.
Damit ist zum einen für weite Bereiche der direkte Bezug zum Heimatraum gewährleistet, wobei an ihm erarbeitete Themen (z. B. Naherholung) auch in andere Räume übertragbar sind. Zum anderen stellt die Kartengruppe als Ganzes großmaßstäbige Arbeitskarten für eine Vielzahl auf Deutschland bezogener Themen und Raumbeispiele zur Verfügung. Besonders hingewiesen sei auf die Karte *Rheinisch-Westfälisches Industriegebiet* (AW 8/9), die für die Neue Gesamtausgabe neu bearbeitet und auf eine Doppelseite erweitert wurde.

Die Karten **Norddeutschland und Süddeutschland** (AW 16–19; 1:1 500 000), in denen die Industrie- und Bergbausignaturen auf wichtige Standorte konzentriert sind, geben einen Gesamtüberblick der dargestellten Räume. Ihr Maßstab ist jedoch noch groß genug, um die in der

Gruppe der Landschaften verbleibenden Lücken zu schließen und auch eine regionale Betrachtung einzelner Räume wie der Nordseeküste oder des Schwarzwaldes bzw. ganzer Bundesländer zu gestatten.

Als **Übersichtskarten,** schließlich, wurden zwei doppelseitige Karten völlig neu entwickelt, die *geographische Grundkarte* AW 20/21 und die *physische Karte* AW 22/23, beide im Maßstab 1:2 Mio. Als zentrale Karten des Deutschlandteils und aufgrund ihrer Bedeutung für die *Orientierung in Deutschland* und für das *topographische Kartentraining* werden sie und ihre Darstellungsformen im Kapitel „Deutschland und seine räumliche Gliederung" ausführlich erläutert. Beide Karten sind unabhängig voneinander, aber auch einander ergänzend im Verbund einsetzbar. Letzteres wird sowohl durch den gleichen Maßstab, als auch durch identische Topographie, Beschriftung und Relief wesentlich erleichtert.

Europa und die europäischen Länder (AW 24–49)

Fast alle **europäischen Länder** sind auf Doppelseiten im Maßstab 1:3 Mio. dargestellt (vgl. Kartenübersicht AW IX d), wobei die Karte von Mitteleuropa maßstäblich die Verbindung zu Deutschland herstellt. Lediglich für *Nordeuropa* wurde der Maßstab auf 1:5 Mio. zurückgenommen, um auch diesen Raum auf einer Doppelseite als Ganzes erfassen zu können.
Zusätzlich sind die *Deutschland benachbarten Räume und Länder* im Norden (Dänemark), Westen (Beneluxländer) und Süden (Alpenländer und Oberitalien) im Maßstab 1:2 Mio. kartiert, also im gleichen Maßstab wie die geographische Übersichtskarte Deutschlands (vgl. Kartenübersicht IX e).
Alle diese Karten wurden grundlegend überarbeitet und entlastet, die Signaturen für Energie, Bergbau und Industrie auf wenige Hauptstandorte konzentriert. Ein Vergleich zwischen der alten und der neuen Mitteleuropakarte führt das Ausmaß der Entlastung und die wesentlich verbesserte Lesbarkeit vor Augen.

Als **Erdteilübersicht** steht im Grundteil die Karte *Europa: Geographische Übersicht* (AW 46/47; 1:10 Mio.) zur Verfügung. Ihr Hauptanliegen ist die landschaftliche Großgliederung Europas. So stehen der bewaldete Norden dem sommertrockenen Mittelmeerraum, der ozeanisch feuchte Westen dem kontinentalen Osten gegenüber.
Einen orographischen Gesamtüberblick des Erdteils bis zum Ural vermittelt die *physische Europakarte* (1:12,5 Mio.), die als rein thematische Karte der Oberflächenformen bearbeitet und in den Block der physischen Karten im thematischen Teil (AW 98/99) eingeordnet ist.

Für eine grundlegende **topographische Kartenarbeit** wurden für die Neue Gesamtausgabe die beiden *physischen Karten Europa, Nordteil und Südteil* (AW 42 bis 45; 1:7,5 Mio.) als Doppelseiten entwikkelt. Für die Erarbeitung und Einübung des notwendigen topographischen Grundwissens zu Europa — Staaten und Städte, Gebirge, Flüsse und Verkehrswege — stellen sie eine leicht überschaubare und inhaltlich auf das Wesentliche beschränkte Grundlage dar.
Beide Karten fügen sich zu einem Gesamtbild Europas zusammen, wobei ein breiter Überlappungsraum Deutschland im Nordteil und im Südteil einbezieht. Der Maßstab 1:7,5 Mio. gestattet die Erfassung von Großräumen, aber auch die Betrachtung einzelner Länder. Das topographische Kartentraining kann sich daher sowohl auf ganz Europa wie auch auf Teilräume beziehen.

Außereuropäische Großräume und Erdteile (AW 48–91)

Neben dem ausführlichen Deutschlandteil und den Grundkarten europäischer Länder stehen auch für alle **außereuropäischen Großräume** großmaßstäbige geographische Grundkarten zur Verfügung. In den Maßstäben 1:7,5 Mio., 1:10 Mio. und 1:15 Mio. sind die meisten von ihnen als Doppelseiten bearbeitet.
Die großzügigen Kartenausschnitte ermöglichen *weiträumige Übersichten* zusam-

mengehöriger Räume und vermitteln zugleich ein sicheres Gefühl für Entfernungen und Größenverhältnisse. Beispielhaft sei in diesem Zusammenhang auf die Karte Nordafrika und Vorderasien (AW 67/68) verwiesen. Die großen Maßstäbe gewährleisten die *Auswertbarkeit im Detail*. Dies ist nicht nur die Voraussetzung für die weltweite Einordnung und Anwendung von Fallbeispielen, sondern zugleich auch eine anschauliche Grundlage für die Betrachtung und Erarbeitung bestimmter Räume in Verbindung mit thematischen Übersichtskarten, wie der Weltmächte (Vereinigte Staaten AW 82/83, Sowjetunion AW 50/51) oder von Entwicklungsländern (z. B. Indien AW 59/60).

Neu in der vorliegenden Ausgabe sind die den entsprechenden Großräumen zugeordneten Karten Ägypten, Palästina und Israel, Kilimandscharo, Oahu (Hawaii-Inseln), Panamakanal und Kuba.

Den Grundkarten der jeweiligen Großräume vorangestellt sind **Kartenpaare geographischer und physischer Erdteilübersichten,** mit Ausnahme von Asien, Arktis und Antarktis alle im Maßstab von 1 : 25 Mio.

Die *geographischen Erdteilübersichten* stehen als Kartentyp zwischen den Grundkarten der außereuropäischen Großräume und der geographischen Weltübersicht. Sie sind durch den Verzicht auf Bergbau, Industrie und die einzelnen Agrarprodukte inhaltlich entlastet und können so ihrer Funktion als Übersichtskarten voll gerecht werden. Die sich überlagernden Landschaftsgürtel und Gebirge, die großen Kornkammern und Bevölkerungsschwerpunkte treten im Kartenbild klar hervor.

Neu aufgenommen in die geographischen Erdteilübersichten wurden die *Meeresströmungen und kalten Auftriebswasser*, deren Einfluß auf die Ausbildung der Landschaftsgürtel damit unmittelbar sichtbar wird. Unter dem gleichen Gesichtspunkt wurden den Erdteilübersichten *Nebenkarten der Jahresniederschläge* zugeordnet.

Völlig neu sind die *physischen Erdteilübersichten*. Sie dienen einerseits einer grundlegenden topographischen Arbeit, die anhand der gleichmaßstäbigen geographischen Erdteilübersichten geographisch vertieft werden kann. Flußnetz und Relief, Verkehrslinien und Städte sowie die Beschriftung sind in beiden Karten identisch. Andererseits veranschaulichen die physischen Karten — ihrer eigentlichen Thematik entsprechend — die orographische Gliederung der Erdteile. An die Stelle der Landschaftsgürtel treten in ihnen als Hauptordnungsraster Gebirge und Tiefländer.

Die Nebenkarten zur *Tektonik* vereinfachen und begründen diese Ordnung. In Afrika z. B. sind die randlichen Faltengebirge im Norden und Süden, die Becken und Schwellen sowie die große Bruchzone mit ihren Einbrüchen und Vulkanen klar erkennbar. Sie sind in der physischen Karte benannt und können so topographisch genauer lokalisiert werden.

Den Abschluß des Grundteils bildet die doppelseitige **geographische Weltübersicht** „Die Großlandschaften der Erde" (AW 92/93; 1 : 60 Mio.). Sie faßt gleichsam alle geographischen Grundkarten zusammen und gibt damit einen globalen Orientierungsrahmen, auf den im Unterricht ständig Bezug genommen werden kann (vgl. hierzu das Kapitel „Die Landschaftsgürtel der Erde").

Die geographische Weltübersicht bildet zusammen mit der *physischen Weltübersicht* „Die Oberflächenformen der Erde" (AW 94/95) und der *politischen Weltübersicht* „Die Staaten der Erde" (AW 166/167) eine Trias einfacher Lern- und Hauptbezugskarten, die über ihre schwarzen Schraffurmarken (vgl. die ausklappbare Übersicht im hinteren Einband) rasch auffindbar sind. Alle drei Karten sind im gleichen Maßstab gehalten und somit unmittelbar miteinander vergleichbar. Dank des relativ großen Maßstabes enthalten diese doppelseitigen Karten ausreichend Informationen, um einen Rückgriff auf die größeren Erdteilkarten oft zu ersparen. Hinsichtlich der politischen Darstellung konnte aus diesem Grunde auf politische Erdteilkarten verzichtet werden. Gesondert kartiert ist daher nur die innere politische Gliederung ausgewählter Staaten innerhalb der Statistischen Staatenübersicht (AW 177–181).

Der thematische Teil

Der **Umfang** des thematischen Teils entspricht mit 87 Seiten etwa dem des Grundteils. Nimmt man noch die im Grundteil eingefügten thematischen Karten hinzu, so werden in der Neuen Gesamtausgabe des Alexander Weltatlas insgesamt etwa *99 Seiten thematischer Karten* angeboten, d.h. 27 Seiten mehr als in der bisherigen Gesamtausgabe. Mit den einfarbigen Karten der Verwaltungsgliederung ausgewählter Staaten in der Staatenübersicht (AW 177 ff.) enthält der Atlas jetzt *über 245 thematische Karten.* Einschließlich der geographischen Grundkarten — die als komplexe Wirtschaftskarten einbezogen werden können — sind es *über 300.* Dabei nehmen die ganzseitigen und halbseitigen Themakarten einen großen Raum ein — nur wenige Karten sind kleiner als viertelseitig.

Neu entwickelt wurden *64 Beispielkarten.* Ihre Thematik reicht von der Kastengliederung eines indischen Dorfes bis zur Apartheid in Johannesburg, vom Ölscheichtum Bahrain am Persischen Golf bis zum Siedlungsprojekt Altamira an der Transamazônica.

Neu aufgenommen wurden ferner *12 Übersichtskarten,* u.a. Karten zur Geologie Deutschlands und der Alpen, Deutschlandkarten zu Bergbau und Industrie, zu Energie und Stromversorgung sowie Karten zur Wirtschaft Europas. Weiterhin wurden die wichtigsten statistischen Karten überarbeitet und aktualisiert.

Einen Eindruck von der Vielzahl der angesprochenen Themen und der Systematik ihrer Zuordnung vermitteln das *Sachregister* (AW XII–XIII) und das Schema *Thematische Karten: Thematische Zuordnung* (AW X–XI).

Die **Gliederung** des thematischen Teils in Themenkreise wurde nach reiflicher Überlegung beibehalten. Auf diese Weise ist der *regionalen* Kartenfolge des Grundteils ein zweites — *thematisches* — Ordnungsprinzip gegenübergestellt, das dem thematisch orientierten Geographieunterricht entgegenkommt.

Die **Anordnung der Karten** erfolgt hierbei in drei Stufen:

In der ersten Stufe werden die einzelnen Karten — meist unter einem gemeinsamen Seitentitel — zu thematisch und oft auch regional geschlossenen *Einzel- bzw. Doppelseiten* zusammengestellt. Die hierbei angewandten Anordnungsprinzipien werden später ausführlich erläutert.

In der zweiten Stufe werden die einzelnen Seiten und Doppelseiten zu mehrere Seiten umfassenden *Kartenfolgen* geordnet, die ebenfalls sowohl nach thematischen als auch nach regionalen Gesichtspunkten zusammengestellt sind.

In der dritten Stufe schließlich kommt die Hauptgliederung des thematischen Teils in umfassende *Themenkreise* zum Tragen.

Dieses dreistufige Gliederungssystem soll im folgenden näher betrachtet werden. Dabei stehen zunächst die Themenkreise und ihre Untergliederung in Kartenfolgen im Blickpunkt.

Die Gliederung in Themenkreise

1. Themenkreis:
Oberflächenformen und Landschaftsgliederung — Tektonik und Geologie
(Leitfarbe braun)
Kartenfolge: Erde (AW 94–97), Europa (AW 98–101), Mitteleuropa und Deutschland (AW 102–105).
In jeder Kartenfolge werden die thematischen Übersichts- und Beispielkarten zur Tektonik, Geologie und Morphologie den doppelseitigen physischen Karten „Oberflächenformen" zugeordnet.
Siehe auch die Nebenkarten „Tektonik" der physischen Erdteilübersichten (AW VIII a) im Grundteil.

2. Themenkreis:
Klima und Vegetation
(Leitfarbe grün)
Kartenfolge: Deutschland (AW 106), Europa (AW 107), Erde (AW 108—110).
Die Umkehrung der Kartenfolge verbessert die Zuordnungsmöglichkeiten. Die Karten Klimate, Vegetationszonen und Klimaele-

mente der Erde leiten jetzt unmittelbar zu den Karten der Weltlandwirtschaft über. Siehe auch die Nebenkarten „Niederschläge" der geographischen Erdteilübersichten (AW VIII a) im Grundteil und das Kapitel Wetterkunde (AW 224—225).

3. Themenkreis:
Land- und Forstwirtschaft — Fischerei
(Leitfarbe gelb)
Kartenfolge: Welt – natürliche und gesellschaftliche Grundlagen, Agrarproduktion (AW 111–113), Trockenräume (AW 114 bis 116), landwirtschaftliche Betriebsformen (AW 117–118), Deutschland (AW 119–121), Landgewinnung u. a. (AW 122 bis 123), Fischerei (AW 124). Siehe auch Landwirtschaft, Viehhaltung und Fischerei in Europa (AW 174).

4. Themenkreis:
Energiewirtschaft, Bergbau und Industrie
(Leitfarbe rot)
Kartenfolge: Energiewirtschaft (AW 125 bis 129), Bergbau und Verhüttung (AW 130–134), Industrie (AW 135–137), Wasserwirtschaft und Umweltbelastung (AW 138–139).
Siehe auch Erwerbsstruktur und Industrie in Europa (AW 174).

5. Themenkreis:
Handel und Verkehr — Fremdenverkehr
(Leitfarbe grün)
Kartenfolge: Handel und Verkehr (AW 140–142), Fremdenverkehr (AW 143 bis 145).

6. Themenkreis:
Bevölkerungsverteilung und Bevölkerungsstruktur
(Leitfarbe ocker)
Kartenfolge: Bevölkerungsdichte und Bevölkerungsentwicklung (AW 146–147), Rassen, Sprachen und Religionen (AW 148–151), Bevölkerungsdichte und Gastarbeiter in Europa und Deutschland (AW 152–153).

7. Themenkreis:
Große Städte, Stadtgeographie
(Leitfarbe blau)
Kartenfolge: Deutschland (AW 154 bis 161), Europa (AW 162–163), Welt (AW 164–165).

8. Themenkreis:
Staaten und Politik, Entwicklungsländer, Europäische Gemeinschaft
(Leitfarbe violett)
Kartenfolge: Welt – Staaten, Krisengebiet Naher Osten, Entwicklungsländer (AW 166–171), Europa (AW 172–175), Deutschland (AW 175–176).
Die politischen Themenkarten der Welt und Europas ordnen sich den voranstehenden Staatenkarten zu.
Siehe auch die einfarbigen Karten der Verwaltungsgliederung in der statistischen Staatentabelle (AW 177 ff.).

Ein **farbiges Leitsystem** stützt die Gliederung des thematischen Teils in Themenkreise ab: Alle Seiten des thematischen Teils sind durch *Randmarkierungen* in den Farben der Themenkreise gekennzeichnet. Die *ausklappbare Übersicht* im hinteren Einband greift diese Markierungen auf und erleichtert das sichere und schnelle Aufschlagen des gesuchten Themenkreises. Auch das *Inhaltsverzeichnis* (AW III–V) und die doppelseitige schematische Übersicht *Thematische Karten: Thematische Zuordnung* (AW X–XI) sind in den Leitfarben der Themenkreise gekennzeichnet.

Gestaltung der Seitenaufschläge und Kartenfolgen

Neben Größe, Inhalt und Gestaltung der einzelnen Karten ist auch ihre Zuordnung zueinander von Einfluß auf den Erfolg der Kartenarbeit im Unterricht. Eine geschickte Anordnung der Karten kann unnötiges Blättern im Atlas ersparen. Die thematischen Karten des Alexander sind daher so zusammengestellt, daß sinnvolle Zuordnungen und Vergleiche auf den Seitenaufschlägen und in den Kartenfolgen ermöglicht werden. Die Gesichtspunkte für die Kartenanordnung, die sich aus diesen methodischen Überlegungen ergeben, werden im folgenden erläutert.

Thematische Übersichtskarten als Leitkarten für Kartenfolgen

Thematische Übersichtskarten, zum großen Teil einseitig oder gar doppelseitig bearbeitet, stehen als „Leitkarten" an der Spitze vieler Kartenfolgen. Die ganzseitige

Deutschlandkarte „Verdichtungsräume und Zentralität" (AW 154) z. B. faßt nicht nur die im Titel genannten Themen für Deutschland zusammen. Sie ist zugleich auch regional auswertbar und dient so als Hauptbezugskarte für die sich anschließenden Stadtpläne. Als weitere Beispiele seien die Kartenfolgen zur Energiewirtschaft (AW 125–129) und zum Bergbau (AW 130–134) genannt.

Zusammenfassung von Beispielkarten zu thematisch geschlossenen Seitenaufschlägen

Der Vorteil dieser Anordnung liegt in der raschen Verfügbarkeit einer größeren Zahl an Beispielen zu einer bestimmten Thematik, kombiniert mit der Möglichkeit der vergleichenden Betrachtung. Die Doppelseite „Bewässerungswirtschaft" (AW 114 bis 115) z. B. entspricht diesem Modell ebenso wie der gesamte Themenkreis „Große Städte, Stadtpläne, Stadtgeographie" (AW 155–165).

Für den genannten Themenkreis zur Stadtgeographie bedeutet dies, daß einerseits für wichtige Städte Deutschlands wie Berlin, Frankfurt oder München thematisch aufbereitete Stadtpläne zur Verfügung stehen, andererseits aber auch der unmittelbare Vergleich einfacher Grundstrukturen (Ausdehnung, Straßennetz usw.) ohne zeitraubende Sucharbeit im Atlas möglich ist. Da jede Stadt unter einem anderen thematischen Aspekt bearbeitet ist, sind — arbeitsteilig — alle zentralen Probleme der Stadtgeographie angesprochen. Im Vergleich der einzelnen Karten kann das Thema „Stadt" von verschiedenen Seiten betrachtet und zu einem Gesamtbild zusammengeführt werden.

Übersichtskarte und Beispielkarten auf einer Doppelseite

Aus der Zielsetzung des exemplarischen Unterrichts ergibt sich die Notwendigkeit, die anhand von Beispielkarten gewonnenen Einsichten anzuwenden und einzuordnen. Dieser Anforderung entspricht die Zusammenfassung von Übersichtskarte und Beispielkarten auf einem Seitenaufschlag, die im Alexander in einer Reihe von Fällen verwirklicht werden konnte.

So stehen sich auf den Seiten AW 120 bis 121 die Übersichtskarte „Die deutsche Agrarlandschaft" und die Beispielkarten der Sonderkulturen gegenüber. Weitere Beispiele für derartig geschlossene Arbeitseinheiten sind die Doppelseiten „Deutschland – Industrie" (AW 136 bis 137) und „Deutschland – Erholung und Fremdenverkehr" (AW 144–145).

Da die drei genannten Themen bereits im 5. bzw. 6. Schuljahr behandelt werden, ist die Konzentration der zu verwendenden Karten auf wenigen übersichtlichen Seitenaufschlägen von besonderem Wert: Dem im Umgang mit dem Atlas noch ungeübten Schüler bleibt bei einer solchen lehrplangerechten Kartenanordnung langes Suchen und Blättern erspart.

Kartenpaare und Kartenserien thematischer Übersichtskarten

Die Zusammenfassung thematischer Übersichtskarten zu Kartenpaaren und Kartenserien setzt voraus, daß die betreffenden Karten in ihrer kartographischen Bearbeitung koordiniert sind. Maßstab, Ausschnitt, Inhalt und Darstellungsmittel müssen aufeinander abgestimmt sein.

Das Kartenpaar „Die Klimate der Erde" und „Die Vegetationszonen der Erde" (AW 108–109) zeigt, wie über die formale Abstimmung hinaus *Kausalbezüge und Strukturzusammenhänge* wirksam werden. Wegen des vielfältigen Einflusses des Klimas auf die Vegetation besteht zwischen beiden Karten eine enge Kausalbeziehung, die durch die Vereinigung der Legenden beider Karten im Bund spezifiziert wird. Durch die Gegenüberstellung von Klimadiagrammen und gezeichnetem Vegetationsbild kann jedem Klimatyp der entsprechende Vegetationstyp zugeordnet werden. In den Karten selbst entsprechen sich Klimazonen (z. B. braun = tropisches Regenklima) und Vegetationszonen (z. B. warme gelbgrüne Flächenfarbe mit Laubwaldsignatur = tropischer Regenwald). Die Klima- und Vegetationszonen der Erde lassen sich auf diese Weise vergleichend entwickeln und räumlich zuordnen.

Ähnlich zeigen die unter der Seitenüber-

schrift „Industrieländer und Entwicklungsländer" vereinigten Weltkarten „Höhe, Entstehung und Verwendung des Bruttosozialprodukts" und „Die Ernährung der Menschheit" (AW 170) wichtige Zusammenhänge zwischen Armut und Hunger, Reichtum und Überernährung auf.
Aber auch ohne direkte Kausalbezüge kann die Bildung von Kartenpaaren und Kartenserien von Nutzen sein, wenn die betreffenden Themen einander ergänzend zu einem *Gesamtbild* zusammengeführt werden können. Dies trifft z. B. für die Doppelseite „Agrarwirtschaft der Erde" (AW 112–113) zu. Die drei Karten „Getreide und Knollenfrüchte", „Zucker und Genußmittel, Erdnüsse" und „Land- und forstwirtschaftliche Industrierohstoffe" sind nach den gleichen Grundsätzen bearbeitet (Produktion, Export und Import, 1 Signatur = 100 Mio $). Die Informationen sind auf drei Karten verteilt, so daß jede Karte einfach und überschaubar bleibt; sie können jedoch gleichzeitig für bestimmte Länder oder Regionen (z. B. Westeuropa) „addiert" und zu einer Gesamtaussage zusammengefügt werden.

Die im Vorangegangenen dargelegten Überlegungen bei der Gestaltung von Seitenaufschlägen und Kartenfolgen sind in der Neuen Gesamtausgabe des Alexander so weit wie möglich angewendet worden. Dabei gehen, wie bereits erwähnt, thematische und regionale Gesichtspunkte Hand in Hand, so daß die thematische Grundordnung in Themenkreise durch zahlreiche regionale Elemente ergänzt wird.
Für die **regionale Erschließung des thematischen Teils** werden darüber hinaus zusätzliche Hilfsmittel angeboten:
— Die Übersicht *„Thematische Karten: Regionale Einordnung"* (AW VII) zeigt alle für einen Erdteil, ein Land oder eine Region zur Verfügung stehenden thematischen Karten.
— Die *Verweise neben dem Kartentitel* auf den geographischen Grundkarten verweisen — direkt oder indirekt — auf die zugehörigen Themakarten.
Umgekehrt werden die thematischen Karten über Verweise neben dem Seitentitel nicht nur anderen thematischen Karten, sondern auch den geographischen Grundkarten zugeordnet.

Erschließungshilfen und zusätzliche Informationsmittel

Die Neue Gesamtausgabe des Alexander Weltatlas enthält neben dem Inhaltsverzeichnis eine Reihe von Erschließungshilfen, die die optimale Benutzung des Atlas erleichtern und die selbständige Kartenarbeit des Schülers fördern sollen. Einige zusätzliche Informationsmittel helfen darüber hinaus, die kartographischen Aussagen zu ergänzen und zu interpretieren.

1. Das **Inhaltsverzeichnis** (AW II–V) gibt einen ersten umfassenden Überblick über Inhalt und Gliederung des Atlas. Die regionale Ordnung des Grundteils (fettgedruckte Zwischenüberschriften), die Gliederung des thematischen Teils in Themenkreise (farbige Unterlegung) und die thematisch geschlossenen Seitenaufschläge (fettgedruckte Seitentitel) treten klar hervor. Die Übersichtlichkeit des Inhaltsverzeichnisses spiegelt die klare Ordnung des Atlas selbst wider.

2. Die Übersicht **Thematische Karten: Regionale Einordnung** (AW VII) dient der regionalen Erschließung des thematischen Teils. Sie weist in drei Umrißkarten der Welt, Europas und Deutschlands die für einen bestimmten Raum zur Verfügung stehenden thematischen Beispielkarten nach. Alle Karten sind exakt lokalisiert und in ihrem Inhalt stichwortartig gekennzeichnet (z. B. Westerland: Seebad 145 I). Um die rasche Einordnung in die thematischen Übersichtskarten zu erleichtern, sind diese (unter den Umrißkarten) mit ihrem Kurztitel genannt. Diese Auflistung ist zugleich eine handliche Zusammenstellung aller thematischen Übersichtskarten der Welt, Europas und Deutschlands.

3. Die Übersicht **Geographische Grundkarten und physische Karten** (AW VIII bis IX) veranschaulicht auf sechs Umrißkarten die Blattschnitte und Maßstäbe aller Karten des Grundteils. Der Vorteil gegenüber dem Inhaltsverzeichnis liegt im raschen Gesamtüberblick, in der Einordnung in die jeweilige Maßstabsgruppe und in der Kennzeichnung des dargestellten Raumes. Hierdurch ist es möglich, eine gewünschte Karte auf einen Blick zu finden (z. B. Rheinisch-Westfälisches Industriegebiet 8/9), vergleichbare Karten bereitzustellen (z. B. USA 82/83 und Indien 59/60 im Maßstab 1 : 10 Mio.) sowie für jeden Raum das günstigste Kartenangebot zu erkennen (z. B. Kuba auf Seite 85 im Maßstab 1 : 5 Mio.).

4. Die Übersicht **Thematische Karten: Thematische Zuordnung** (AW X–XI) verdeutlicht die innere Struktur des thematischen Teils. Sie zeigt einerseits die verschiedenen Sachebenen (z. B. Themenkreis: Energiewirtschaft, Bergbau und Industrie), ordnet andererseits in den Spalten Erde, Europa und Deutschland die thematischen Übersichts- und Beispielkarten auch regional. Übersichtskarten gleicher Thematik sind durch Pfeile verbunden (z. B. Bevölkerungsdichte der Erde, Europas und Deutschlands), Beispielkarten mit einem schwarzen Raster unterlegt. Ein schwarzer Punkt kennzeichnet die Karten, die zu einem Themenkreis gehören, jedoch im Atlas in andere Themenkreise eingeordnet sind (z. B. Hamburger Hafen 157).

5. Das **Sachregister** (AW XII–XIII) führt diejenigen Karten auf, die das betreffende Thema im Atlas ausführlich behandeln. Seine Stichwörter sprechen die Themen der Karten (z. B. Kibbuz, Zeitzonen) oder bestimmte Aspekte (z. B. City, Wintersport) an. Für wichtige Themenbereiche des Unterrichtes sind zusätzlich ausführlichere und differenziert untergliederte Einträge aufgenommen (z. B. Entwicklungsländer). Wenn die betreffenden Themenbereiche bereits an anderer Stelle erläutert sind, wird hierauf verwiesen (z. B. Fremdenverkehr ↑ XI). Bei Agrar- und Bergbauprodukten usw. werden zusätzlich geeignete geographische Grundkarten angesprochen. Eine vollständige Nennung aller Legendenbegriffe wurde jedoch nicht angestrebt.

6. Die **Kartenverweise neben dem Seitentitel** (alle Seiten von AW 1 bis AW 176) geben einen raschen Überblick über das eine Karte ergänzende Kartenangebot im Atlas. Sie schaffen ein Netz von Querverbindungen und Zuordnungen. Für die geographischen und physischen Karten nennen sie — direkt oder indirekt — alle thematischen Beispielkarten des betreffenden Raumes. Bei thematischen Beispielkarten führen sie weitere Beispiele sowie die entsprechenden thematischen Übersichtskarten und geographischen Grundkarten zur thematischen bzw. räumlichen Einordnung an. Thematische Übersichtskarten schließlich werden einerseits mit Beispielen „ausgestattet", andererseits mit thematisch zugehörigen Übersichtskarten und geeigneten geographischen Grundkarten verbunden.

7. Die **Statistische Übersicht „Die Staaten der Erde"** (AW 177–181) gibt für alle Staaten der Erde ausgewählte statistische Strukturdaten, die als Einzelinformation, in vergleichender Betrachtung und zur Karteninterpretation genutzt werden können. Für jeden Staat wird auf die geographische Grundkarte im jeweils größten Maßstab verwiesen.

8. Die **Erläuterung ausgewählter Legendenbegriffe** (AW 182–185) soll dem Schüler helfen, in den Legenden der thematischen Karten sowie der geographischen Grundkarten genannte Begriffe selbständig zu klären.

9. Das **Namenregister** (AW 188–223) ist in einem gut lesbaren Schriftgrad gesetzt, um seine Benutzung zu erleichtern. Verwiesen wird in der Regel auf die Karte im größten Maßstab, in bestimmten Fällen zusätzlich auf eine weitere Karte, die den Sachverhalt in einem größeren räumlichen Zusammenhang zeigt (z. B. für Kairo auf die Karten 71 I und 67/68). Erstmals in einem Schulatlas ist in den Alexander

Weltatlanten die *Aussprache* ausländischer Namen durch die *internationale Lautschrift* ausgewiesen, ebenso die Aussprache deutscher Namen, falls diese von der Schreibung abweicht (z. B. Duisburg oder Soest).

10. Die **Hinweise zur Atlasbenutzung** (AW XIV–XVI) führen unter zwei Gesichtspunkten in die Erschließungshilfen des Alexander ein. Für die *Erarbeitung eines Raumes* am Beispiel Algerien werden alle regional orientierten Erschließungshilfen vom Namenregister bis zur statistischen Staatenübersicht einander graphisch zugeordnet. Es bleibt der Wahl und Findigkeit des Schülers überlassen, welchen Einstieg er wählt und in welchem Umfang er die Informationsmöglichkeiten des Atlas nutzt. Die *Erarbeitung eines Themas* (AW XVI) ist entsprechend aufbereitet. Auch hier soll durch graphische Erschließungshilfen die Eigentätigkeit des Schülers herausgefordert werden.

Die geographische Grundkarte

Bei der Konzeption und Gestaltung der geographischen Grundkarte stand die Überlegung im Vordergrund, welchen Anforderungen eine Karte gerecht werden muß, um die Funktion einer *Hauptbezugskarte* für den thematisch orientierten Geographieunterricht zu erfüllen. Sie sollte

- Landschaften, Länder und Erdteile in ihrer geographischen Eigenart charakterisieren und damit einen umfassenden Orientierungsrahmen für alle Räume der Erde bereitstellen.
- als kartographische Bezugsbasis für die im Unterricht zu behandelnden Lernziele dienen. Ihr Inhalt sollte daher Lerninhalten und Themen des Unterrichts entsprechen.
- geographisch (also nicht nur topographisch) auswertbar sein. Kleinräumige Fallbeispiele z. B. sollten mit ihrer Hilfe in den geographischen Zusammenhang gestellt und auf andere Räume übertragen werden können.
- in ihrer Darstellung anschaulich und wirklichkeitsnah sein, um den Schüler zu motivieren und ihm ein „Bild" der Erde zu vermitteln.
- in ihrer topographischen Ausstattung der physischen Karte entsprechen, um ein geographisch vertieftes topographisches „Kartentraining" zu ermöglichen.

Um all diesen Anforderungen gerecht zu werden, wurde als neue Hauptbezugskarte für den Geographieunterricht die geographische Grundkarte entwickelt. Ihr **Inhalt** leitet sich aus den genannten Anforderungen ab:

- exakt bearbeitete Topographie
- plastisches Relief
- anschauliche Darstellung von Vegetation und Bodennutzung
- Einbeziehung der landwirtschaftlichen Produktion sowie des Bergbaues und der Industrie.

Die kartographische **Darstellung** dieser verschiedenen Elemente wird im folgenden in kurzer Zusammenfassung erläutert sowie in den Kapiteln „Deutschland und seine räumliche Gliederung" und „Die Landschaftsgürtel der Erde" im räumlichen Zusammenhang betrachtet und vertieft.

Auf zwei *Besonderheiten* der Darstellung in den geographischen Übersichtskarten und den Karten des Deutschlandteils sei vorab hingewiesen:

1. Die *geographischen Übersichtskarten* Deutschlands, Europas und der anderen Erdteile sind von den Signaturen einzelner Anbauprodukte sowie von Bergbau und Industrie freigestellt. Sie können so ihrer Funktion als Übersichtskarten voll gerecht und wie die physischen Karten (oder gemeinsam mit diesen) für die topographische Kartenarbeit eingesetzt werden.

2. Im *Deutschlandteil* und in den Karten der benachbarten Beneluxländer und Dänemarks dienen die Flächenfarben, die ansonsten die Bodennutzung ausweisen (z. B. Ackerland und Bewässerungsland), zur Kennzeichnung der Landschaftsgliederung, z. B. Mittelgebirge. Aber auch hochwertige Böden werden hervorgehoben, so daß fruchtbare Ackerbaulandschaften, z. B. Börden und Gäue, im Kartenbild hervortreten. Siehe hierzu das Kapitel „Deutschland und seine räumliche Gliederung".

Topographie und Relief

Die **topographische Grundlage** der geographischen Grundkarten bedarf keiner ausführlichen Erläuterung. Bearbeitung und Darstellung entsprechen der gewohnten physischen Karte. Hinzuweisen ist jedoch auf die differenzierte Darstellung fließender Gewässer.

Bei **Flüssen** wird in der Darstellung zwischen *schiffbaren* (hellblau) und *nichtschiffbaren* Flüssen (dunkelblau) unter-

schieden. Die Bedeutung z. B. des Kongo (AW 69/70) oder des Amazonas (AW 88/89) als Schiffahrtswege im verkehrsfeindlichen tropischen Regenwald ist im Kartenbild deutlich zu erkennen.
Außerdem wird hinsichtlich der Wasserführung zwischen *ständig, periodisch* und *episodisch* wasserführenden Flüssen unterschieden; letztere, z. B. die Wadis Nordafrikas (AW 67/68) oder die Creeks Australiens (AW 74/75), sind nicht in Blau, sondern als Trockentäler in Braun gezeichnet. Diese differenzierte Darstellung der Gewässer trägt erheblich zur geographischen Charakterisierung der Trokkenräume bei.
Auch das **Relief** entspricht in seiner Bearbeitung im Prinzip dem der physischen Karte. Seine plastische Wirkung wird durch eine dem natürlichen Sehen entsprechende *Schräglichtschummerung* erreicht, deren Licht-Schatten-Darstellung von einer links oben angenommenen Lichtquelle ausgeht (Nordwest-Beleuchtung), also den Lichteinfall für den mit der rechten Hand Schreibenden simuliert.
Die Höhenschichten der physischen Karte dagegen werden in der geographischen Grundkarte durch die flächige Darstellung von Vegetation und Bodennutzung ersetzt. Die Unterschiede der Darstellung — Relief und Höhenschichten einerseits, Relief und Vegetation andererseits — sind auf der Atlasseite 3 verdeutlicht.

Vegetation und Bodennutzung

Die Darstellung der Vegetation und Bodennutzung hat die Aufgabe, in Verbindung mit dem plastischen Relief eine natur- und kulturräumliche Gliederung der Länder und Erdteile aufzuzeigen. Gleichzeitig soll sie jedoch auch regionale Unterschiede und Besonderheiten sichtbar machen. Sie soll also sowohl einen großräumigen Überblick geben als auch eine kleinräumig differenzierende Auswertung ermöglichen.
Um beiden Zielsetzungen gerecht zu werden, wurde für den Alexander Weltatlas ein logisches und überschaubares System von Flächenfarben, Strukturrastern und Einzelsignaturen entwickelt.

Vegetation. *Flächenfarben* und anschauliche *Strukturraster* fassen landschaftliche Einheiten optisch zusammen. Die Farbgebung spiegelt die klimatischen Bedingungen wider, z. B. ein kaltes Grau für die Tundra und eine blaugrüne Nadelwaldstruktur für den borealen Nadelwald (vgl. Kanada und Alaska, AW 80/81, oder Sowjetunion, AW 50/51), braun für Savannen und Steppen und eine warme grüne Laubwaldstruktur für den tropischen Regenwald (vgl. Afrika, Südteil, AW 69/70).

Die Flächenfarben werden durch *Flächenstrukturen* ergänzt und differenziert, z. B. offene Nadelbaumsignaturen auf dem Grau der Tundra für Waldtundra, blaue bzw. braune Laubbaumsignaturen auf dem Braun der Savanne für Feuchtsavanne bzw. Trockensavanne oder offene Trockenwälder.

Eine *graphische Übersicht* zur Darstellung der natürlichen Vegetation findet sich im vorderen Einband des Atlas (Innenseite der Klappe). Ihre geographische Erscheinungsform und die Gesetzmäßigkeit ihrer Verbreitung wird im Kapitel „Die Landschaftsgürtel der Erde“ angesprochen.

Bodennutzung. Die Darstellung der Bodennutzung und landwirtschaftlichen Produktion erfolgt nach dem gleichen Prinzip. So werden in *Flächenfarben* Ackerland und Bewässerungsland durch ein helles Gelb und ein intensives Grün unterschieden.
Den Farbflächen zugeordnete *Strukturraster* fassen Agrarlandschaften zusammen, soweit sie durch vorherrschende Produkte oder Produktgruppen charakterisiert sind: Weizenanbau und Maisanbau durch eine unregelmäßige rote bzw. braune Feldstruktur auf dem Gelb des Ackerlandes, Naßreis durch eine unregelmäßige blaue Feldstruktur, die an Bewässerungskanäle erinnert, auf dem Grün des Bewässerungslandes.
Auf diese Weise werden landwirtschaftlich intensiv genutzte Gebiete im Kartenbild hervorgehoben, z. B. der „Wheat Belt“ und der „Corn Belt“ in den USA (AW 82/83) oder die bewässerten Reisanbaugebiete in China (AW 57/58).

Alle übrigen Kulturpflanzen werden durch *Einzelsignaturen* dargestellt. Bei der Signaturgestaltung wurden soweit wie möglich die folgenden Gesichtspunkte berücksichtigt:
Die Form der Signatur erinnert an das jeweilige Produkt. Z. B. stehen rot gefüllte Kreise (Orangen) für Zitrusfrüchte, ein braunes Tabakblatt für Tabak. Als stilisierte Bäume stimmen alle Baumkulturen, Palmenarten usw. mnemotechnisch mit der Wirklichkeit überein.
Verwandte Produkte werden durch gleiche Farbgebung zusammengefaßt. Farbgruppen bilden z. B. Zitrusfrüchte, Obst und Wein (rot), Textilpflanzen und Textilindustrie (blau), alle Gemüse (braun).
Die Hauptverbreitungsgebiete werden durch Verdichtung der Signaturen hervorgehoben. Eine Durchmischung der Zeichen weist auf das Nebeneinander der Kulturen hin.

Industrie und Bergbau

Auch für die Darstellung der Industrie und des Bergbaues wurde durch die Kombination von Form, Farbe und Symbol eine leicht überschaubare und zugleich bildhaft anschauliche Ordnung geschaffen. Sie wird im *System der Signaturen* im vorderen Einband veranschaulicht.

Industrie. Die in den geographischen Grundkarten verwendeten *Bildzeichen* sind entweder ohne Erklärung unmittelbar verständlich, da sie das Produkt selbst zeigen (z. B. Automobil, Flugzeug, Schiff), oder als einfache produktbezogene Symbole rasch einprägsam (z. B. Zahnrad für Maschinenbau, Gewebestruktur für Textilindustrie, Retorte für chemische Industrie).
Die *Gruppenbildung* durch gleiche Farbgebung erleichtert Lesbarkeit und Zuordnung: z. B. metallverarbeitende Industrie in rosa, Nahrungsmittel und Genußmittel in braun, Textilindustrie in blau. Die Farbgebung dient weiterhin dazu, *Querbezüge* sichtbar zu machen: So findet sich das Rosa der metallverarbeitenden Industrie wieder bei Eisenerzbergbau, Eisenverhüttung und Stahlerzeugung, das Blau der Textilindustrie bei den Textilpflanzen.
Kraftwerke bilden als weiß ausgesparte stehende Rechtecke mit Blitz eine eigene Gruppe. Nur das Kernkraftwerk erhält ein den Atommeiler symbolisierendes Bildzeichen. Die Art der Energiegewinnung wird durch die Konturfarben ausgedrückt: rot für Wärme-, blau für Wasserkraftwerke.

Bergbau. Im Gegensatz zur Industrie können beim Bergbau Bildzeichen nur in Sonderfällen verwendet werden. So werden *Erdöl und Erdgas* durch stilisierte Bohrtürme ausgewiesen. Für den gesamten übrigen Bergbau wird ein auf der Spitze stehendes Quadrat verwendet. Alle *Energierohstoffe* sind durch eine weiße Aussparung zusammengefaßt, wobei die schwarze bzw. braune Kontureinfärbung zwischen Steinkohle und Braunkohle differenziert.
Der *Erzbergbau* ist durch schwarze Signaturen mit den international üblichen chemischen Symbolen dargestellt. Eine Ausnahme bildet der *Eisenerzbergbau,* der seiner Bedeutung entsprechend durch Hammer und Schlegel auf rosa Hintergrund hervorgehoben wird. Der *Salzbergbau* ist durch seine blaue Einfärbung zu einer eigenen Gruppe vereinigt.

Das **System der Bergbau- und Industriesignaturen** läßt sich vereinfacht wie folgt zusammenfassen:
Nach der *geometrischen Form* werden Bergbau (Quadrat auf der Spitze), Kraftwerke (stehendes Rechteck), Verhüttung (stehendes Trapez) und Industrie (Quadrat auf der Basis) unterschieden. Erdöl, Erdgas und Raffinerien erhalten Bildsymbole. Die *Farbe* dient als zweites Gliederungselement der Gruppenbildung sowie zur Kennzeichnung gruppenübergreifender Bezüge (z. B. weiß für Energie, rosa für Eisen). Die *Bildzeichen* der Industrie und die chemischen Symbole des Bergbaues erleichtern das unmittelbare Erkennen der einzelnen Zeichen.
Die *Größe der Zeichen* richtet sich nach der Bedeutung der Standorte. Wirtschaftliche Schwerpunkte treten daher im Kartenbild klar in Erscheinung.

Deutschland und seine räumliche Gliederung

Einführung in die geographische Deutschlandkarte

Auf Deutschland bezogene Themen nehmen im Unterricht einen breiten Raum ein. Für sie ist die räumliche Gliederung Deutschlands ein notwendiger Orientierungsrahmen, wobei die anfänglich vorgenommene Grobgliederung im Fortgang des Unterrichts ausgebaut und geographisch vertieft werden sollte.

In der Neuen Gesamtausgabe des Alexander Weltatlas steht hierfür als zentrale Karte des Deutschlandteils die doppelseitige geographische Grundkarte Deutschland: Übersicht (AW 20/21) im Maßstab 1 : 2 Mio. zur Verfügung. Sie ist mit der gleichmaßstäbigen physischen Deutschlandkarte (AW 22/23) zu einem Kartenpaar verbunden, das im Unterricht arbeitsteilig oder als methodische Einheit eingesetzt werden kann.

Die Atlasseiten 1–5 dienen der Einführung in die Kartendarstellung. Sie können dementsprechend auch zur Hinführung und Erläuterung der geographischen und der physischen Deutschlandkarte herangezogen werden. Einige diesbezügliche Anmerkungen sind daher der ausführlichen Betrachtung der geographischen Deutschlandkarte vorangestellt.

Die geographische Grundkarte als Abbild der Landschaft

Unter dem Thema **„Bild und Karte"** wird der Schüler auf Seite 1 einleitend in die Darstellungsweise der geographischen Grundkarte eingeführt. In Gegenüberstellung von Bodenaufnahme, Schrägaufnahme und großmaßstäbigem Kartenbild können dabei markante Punkte, z. B. Niederwalddenkmal, Mäuseturm, Brücken usw., aber auch Wald, Wiesen und Weinberge dreifach aufgesucht und in die Zeichensprache der Karte umgedacht werden. Die Karte ordnet sich den die Wirklichkeit vertretenden Fotografien gleichsam als vereinfachtes „Senkrechtluftbild" zu. Die geographische Grundkarte wird als verkleinertes und generalisiertes Abbild der realen Landschaft erkannt.

Damit wird der Schüler zugleich in die anschaulichen Signaturen der geographischen Grundkarte eingeführt. Es können sowohl die Inhalte der Karte mit Hilfe der Legende „dechiffriert" als auch umgekehrt die Legendenbegriffe in der Karte aufgesucht werden.

Die Einführung in die geographische Grundkarte Deutschland kann im Vergleich mit der physischen Karte weitergeführt werden, und zwar besonders einsichtig anhand der Atlasseite **Höhendarstellung** (AW 3), in der für den Ausschnitt Alpen und Alpenvorland bei Garmisch-Partenkirchen Blockbild, Profil und Karte in physischer und in geographischer Bearbeitung gegenübergestellt sind.

Das *Blockbild* verdeutlicht von der Talaue bis zu den Felsen der Gipfelregion die Einfärbung der Höhenschichten (physische Karte) und die Darstellung der Höhenstufen der Vegetation (geographische Grundkarte). Die am Blockbild gewonnenen Erkenntnisse werden anhand eines Nord-Süd-Schnittes (A — B) in ein *Profil Höhenschichten* und ein *Profil Vegetationsstufen* umgesetzt. Der Anschaulichkeit halber sind die Profile stark (zehnfach) überhöht gezeichnet (die tatsächlichen Relationen zeigen die darunter stehenden grauen Profile). Die Kartenausschnitte (III a und b), schließlich, setzen die an Blockbild und Profil entwickelten Darstellungsformen mit den Karten *Relief und Höhenschichten* und *Relief und Vegetation* in das Bild der physischen bzw. der geographischen Karte um. In der Gegenüberstellung von Blockbild, Profil und Karte können so beide Darstellungsmethoden erarbeitet und ihre grundsätzlichen Unterschiede untersucht werden.

Physische Karte (AW III a): Relief, Höhen(schicht)linien und Höhenschichten.
Einfache und kontrastreiche, aber wirklichkeitsfern abstrakte Farbgebung; markante orographische Gliederung.

Geographische Grundkarte (AW III b): Relief und (Höhenstufen der) Vegetation.
Wirklichkeitsnahe Farbgebung; klare landschaftliche Gliederung (Talauen, bewaldete und nicht bewaldete, felsige Hochgebirge).

Die **kartographischen Darstellungsmittel** der geographischen Grundkarte wurden in dem vorangegangenen Kapitel „Die geographische Grundkarte" bereits erläutert. Im Unterschied zu den Karten der europäischen Länder und der außereuropäischen Räume steht jedoch in den *Deutschlandkarten* (AW 6–21) in Flächenfarben nicht die Bodennutzung, sondern die Landschaftsgliederung im Vordergrund. Diese Darstellung wird in ihren „Konstruktionselementen" durch die drei Kartenausschnitte auf Seite 4 (I a–c) veranschaulicht.

Karte I a ist auf die in der geographischen Grundkarte dargestellte **Bodennutzung** einschließlich der Bewaldung beschränkt. Der Wald ist in kräftiger grüner Flächenfarbe mit blauem Strukturraster dargestellt. Im waldfreien Offenland werden Grünland (Wiesen und Weiden), Heide, Sumpf und Moor durch blaue Signaturen, z. B. Wiesenbüschel, Sumpfstriche u. a. differenziert. Ackerland als solches ist in den Deutschlandkarten nicht mit einer eigenen Farbe ausgewiesen. Im allgemeinen kann davon ausgegangen werden, daß Offenland, soweit es nicht durch Signaturen (Grünland, Heide, Sumpf und Moor) gekennzeichnet ist, als Ackerland bzw. Gartenland genutzt wird.

Schon in dieser ersten Darstellungsebene zeichnet sich der Informationsgehalt der geographischen Grundkarte ab. Bewaldung und Relief fügen sich gut zusammen: Schwarzwald, Thüringer Wald, Harz usw. treten als Waldgebirge hervor. Die Konzentration des Grünlandes in den Mittelgebirgen, im feuchten Nordwesten und im Alpenvorland wird sichtbar.

In *Karte I b* wird das Ackerland durch Angaben zur **Bodengüte** differenziert. Ackerland auf hochwertigen Böden wird durch einen flächigen Punktraster gekennzeichnet, Ackerland auf Löß erhält zusätzlich eine kräftige gelbe Flächenfarbe. Im Kartenbild treten jetzt die Hauptagrarräume klar hervor, im Norden die Börden, im Süden die Gäulandschaften. Die fruchtbaren Grundmoränenböden Schleswig-Holsteins und Mecklenburgs sind sichtbar, treten jedoch optisch etwas zurück.

Karte I c, schließlich, zeigt das Gesamtbild der geographischen Grundkarte Deutschland. Als weiteres und abschließendes Element wird die **Landschaftsgliederung** eingeführt, die durch die Farbgebung einheitlich gestaltete Räume zusammenfaßt. Die im waldfreien Offenland grau eingefärbten Mittelgebirge sind jetzt farblich geschlossen. Auch die nicht oder wenig bewaldeten Mittelgebirge, z. B. Schwäbische Alb, Rhön, Rheinisches Schiefergebirge, fügen sich in den Mittelgebirgsraum ein. An der Nordsee ist die Marsch gekennzeichnet und damit von der Geest (= geringe und mittlere Böden) abgesetzt. Urstromtäler und Talniederungen gliedern das Norddeutsche Tiefland, das am Mittelgebirgsrand durch das warme Gelb der Börden (Löß) abgeschlossen wird. Im Alpenvorland wird das Jungmoränengebiet farblich ausgewiesen.

Im ganzen entsteht so ein Kartenbild, das Anschaulichkeit, agrarwirtschaftliche Information und landschaftliche Gliederung miteinander verbindet. Das notwendigerweise stark überhöhte *Blockbild* (II) veranschaulicht diese Darstellungsweise der geographischen Grundkarte und führt sie modellhaft auf die dreidimensionale Wirklichkeit zurück.

Deutschland im Bild der geographischen Grundkarte und der physischen Karte

Nach Betrachtung der Darstellungsmittel der geographischen Grundkarte kann der Vergleich mit der physischen Karte mit Hilfe der Kartenausschnitte auf der Atlasseite 5 weitergeführt werden. Geographische Karte (I c) und physische Karte (III) stehen sich gegenüber; das geographisch gestaltete Blockbild mit seinem physisch eingefärbten Höhenprofil bildet ein wichtiges Bindeglied zwischen beiden Kartentypen.

Auf den ersten Blick zeigt die physische Karte wenige großflächige Farbflächen, die geographische Grundkarte dagegen ein vielfältigeres, auf die einzelnen Landschaften bezogenes Kartenbild. Die orographische Grobgliederung Deutschlands in Tiefland, Mittelgebirge und Hochgebirge ist auf der physischen Karte sofort sichtbar. Typische Bilder (z. B. Dias) charakteristischer Landschaften wie Marsch, Börde, Waldgebirge, Gäu usw. lassen sich dagegen sinnvoll nur in die geographische Grundkarte einordnen.

Die zur Erfüllung des Lernziels „Sich Orientieren" notwendige räumliche **Gliederung Deutschlands** erfordert eine Ausweitung und Vertiefung des Kartenvergleichs. Das *Norddeutsche Tiefland* tritt in der physischen Karte als nahezu ungegliederte geschlossene grüne Farbfläche hervor, von der sich das Gelb der Mittelgebirgsschwelle deutlich absetzt. Diese großflächige Einheitlichkeit ist in der geographischen Grundkarte nicht mehr gegeben. Das Bild ist differenzierter. Die realen Landschaften Marsch, Geest, Urstromtal, Börde werden unterschieden. Als Heide- und Waldlandschaft tritt die Lüneburger Heide hervor. Die Abgrenzung der Börden gegen die bewaldeten Mittelgebirge ist ebenso deutlich, jedoch korrekter als die Grün-Gelb-Farbgrenze der 200 m-Höhenlinie der physischen Karte.

Für den *Mittelgebirgsraum* gilt ähnliches. Hier bestimmen mit Ausnahme der grün eingefärbten Oberrheinischen Tiefebene gelbe und hellbraune Farbflächen das Bild der physischen Karte vom Harz im Norden bis zum Alpenrand im Süden. Die einzelnen Mittelgebirge selbst sind jedoch nur mit Hilfe der Reliefdarstellung erkennbar. Das gleiche gilt für die Beckenlandschaften und Senken (z. B. Thüringer Becken).

Für die Untergliederung des Mittelgebirgsraumes leistet die geographische Grundkarte mehr. Harz, Thüringer Wald und Schwarzwald z. B. heben sich besser ab. Noch deutlicher wird die bessere Unterscheidbarkeit bei den Keuperbergländern des Schwäbischen Waldes, bei der Schwäbischen Alb, der Frankenhöhe und dem Steigerwald.

Das *Alpenvorland* wird meist von der eigentlichen Mittelgebirgsschwelle abgesetzt und als eigener Großraum betrachtet. Auf der physischen Karte erscheint es als wenig gegliederte hellbraune Farbfläche, auf der geographischen Grundkarte dagegen wird es in die zum Teil lößbedeckten Diluvialplatten und das bewegte kuppige Jungmoränenland differenziert. Der hohe Grünlandanteil außerhalb des fruchtbaren Ackerlandes wird sichtbar.

In den *Alpen* selbst stehen sich wie auf Seite 3 die Höhenschichtendarstellung der physischen Karte und die Darstellung der Höhenstufen der Vegetation der geographischen Grundkarte gegenüber. Maßstabsbedingt geben die beiden Deutschlandkarten allerdings ein wesentlich gröberes Bild.

Deutschland: Übersicht

Geographische Grundkarte (AW 20/21)

Die geographische Grundkarte Deutschlands (AW 20/21), die nun in ihrer Gesamtheit betrachtet werden soll, ist als zusammenfassende Lern- und Übersichtskarte konzipiert. Durch Konzentration auf das Wesentliche kann sie als Grundlage für eine geographisch vertiefte topographische Kartenarbeit und zur Erarbeitung der räumlichen Gliederung Deutschlands dienen. Hierbei kann sie im Verbund mit der physischen Karte (AW 22/23), aber auch unabhängig von dieser eingesetzt werden.

Als wirklichkeitsnahe, luftbildartige Karte ist die geographische Grundkarte dem Schüler unmittelbar zugänglich. Stadtgrundrisse und Ballungsräume, bewaldete Mittelgebirge (z. B. Schwarzwald, Harz) und fruchtbare Ackerlandschaften (z. B. Magdeburger Börde, Gäue) bestimmen auf den ersten Blick das Kartenbild. Die übrigen Informationen treten demgegenüber zurück. Sie geben jedoch weitere wichtige Auskünfte und tragen zur Differenzierung und Charakterisierung der Landschaften bei.

Das **Norddeutsche Tiefland** einschließlich der *Bördenzone* erscheint trotz der farblichen Differenzierung in Einzellandschaften als orographische Einheit. *Marsch* und *Geest* (geringe und mittlere Böden), das Schleswig-Holsteinische und Mecklenburgische *Jungmoränenland* (hochwertige Böden, Seenplatten), die *Urstromtäler* und das *Altmoränenland* des südlichen Höhenrückens (Lüneburger Heide, Fläming) gliedern diese Großlandschaft. Der Dreiklang der Landschaften Schleswig-Holsteins Marsch, Geest und Hügelland z. B. ist durch die Landschaftseinfärbung aus der Karte ablesbar.

Im **Mittelgebirgsraum** bestimmt der Gegensatz der meist *bewaldeten Gebirge* zu den relativ tief gelegenen *Agrarlandschaften* (z. B. Kraichgäu, Wetterau) die landschaftliche Grundordnung. Die plastische Reliefdarstellung, das dunkle Grün der Waldgebirge und das Grau der waldfreien Gebirgsflächen lassen die Leitlinien der Gebirgsstruktur klar hervortreten. Den Wiesen und Weiden Nordwestdeutschlands entspricht im Süden landschaftlich das grünlandreiche Jungmoränenland, das südlich der Donau eine regionale Untereinheit des *Alpenvorlandes* bildet.

In den **Alpen** kennzeichnen *Talwiesen, Wald, alpine Matten* und *Felsregionen* die Höhenstufen der Vegetation. Dem Maßstab entsprechend sind sie jedoch auf kleine Flächen beschränkt.

Die **Städte** über 50 000 Einwohner treten mit ihren rot eingefärbten *Grundrissen* im Kartenbild noch markanter hervor als Waldgebirge und fruchtbare Ackerlandschaften. Mit Ausnahme des Ruhrgebietes sind alle Städte benannt und durch Schrift und Signatur nach ihrer *Einwohnerzahl* klassifiziert. Insgesamt repräsentieren allein diese rot eingefärbten städtischen Siedlungsflächen und Signaturen in der Bundesrepublik etwa 27 Mio., in der DDR etwa 6 Mio. Einwohner.

Ortssignaturen treten bei Städten unter 50 000 Einwohnern an die Stelle der Grundrisse. Bei maßstabsgerechter Verkleinerung würden die entsprechenden Grundrisse kleiner als die Signaturfläche sein. Durch die Hervorhebung der roten Stadtgrundrisse gegenüber den weiß ausgesparten Ortsringen tritt einerseits das Wesentliche in Gewicht und Verteilung der Siedlungsflächen hervor, andererseits sind jedoch auch kleinere Orte gut sichtbar. Stadtreihen an Flüssen (z. B. Donau) oder Verkehrswegen (z. B. Oberrheinebene) fallen ins Auge.

Burgen und *Schlösser, Klöster* und *Kirchen* sind zur Charakterisierung einiger Landschaften (z. B. Mittelrhein, Alpenvorland) ebenfalls signaturhaft dargestellt und benannt.

Im folgenden sollen Wald, Ackerland und Grünland, deren Durchmischung das Bild der deutschen Landschaft bestimmt, näher betrachtet werden.

Die Verbreitung des Waldes

Noch zur *Römerzeit* war Deutschland ein Waldland mit kleinen eingestreuten Siedlungsflächen. Auch heute wäre es ohne Einwirkung des Menschen vorwiegend von Wald bedeckt. Die entscheidende Wandlung erfolgte im *Mittelalter.* Mehr als die Hälfte der vorhandenen Waldfläche wurde gerodet; der Anteil des Waldes ging von zwei Drittel auf etwa ein Viertel der Fläche zurück. Auch die verbleibenden Wälder bestanden jedoch am Ende des 18. Jahrhunderts weitgehend aus Räumden und Blößen.

Unsere heutigen Wälder wurden daher bis auf winzige „Urwaldreste“ im Böhmerwald vom Menschen geschaffen. Zu Beginn des *19. Jahrhunderts* begann eine systematische Wiederaufforstung. Um möglichst schnell viel Nutzholz zu gewinnen, wurde im Flachland die Kiefer, im Gebirge und im Alpenvorland die Fichte angebaut.

Relief (AW 22/23), Klima (AW 106) und Bodengüte (AW 105) haben somit die **heutige Verbreitung** des Waldes nur indirekt beeinflußt. Maßgebend war vielmehr, daß der Mensch der Forstwirtschaft diejenigen Gebiete überließ, die für eine intensivere landwirtschaftliche Nutzung ungeeignet waren. Hierzu gehören die *höheren Lagen der Gebirge mit Steilrelief,* z. B. Thüringer Wald, Harz, Alpen, und die *Gebirge mit durchlässigen Sandböden,* z. B. Buntsandstein im Spessart, Odenwald, Pfälzer Wald und Nordschwarzwald. Ebenfalls landwirtschaftsfeindlich und damit der Forstwirtschaft vorbehalten sind die mageren *Sandböden Norddeutschlands,* z. B. die Sander der Lüneburger Heide, des Fläming und der Mecklenburger Seenplatte sowie die *Flugsand- und Dünengebiete der Urstromtäler und des Oberrheingrabens.* Mittelgebirge mit Flachrelief dagegen wurden in mittleren Höhenlagen in die Rodung einbezogen und sind bis heute Ackerland geblieben. Dies gilt besonders für die klimatisch begünstigten Teile des Rheinischen Schiefergebirges und des Oberpfälzer Waldes. Auch Schwäbische und Fränkische Alb mit ihren Kalkböden waren siedlungsfreundlich. Die klimatische *Waldgrenze* wird nur in den Alpen überschritten. Die reale Waldgrenze hat sich jedoch durch Holznutzung und Beweidung der Almen um etwa 100–200 m nach unten verlagert. So liegt z. B. der Feldberg im Schwarzwald mit 1493 m noch knapp unterhalb der Höhengrenze des Waldes und ist erst durch die mittelalterliche Weidewirtschaft waldfrei geworden.

Offenland und Bodennutzung

Das bunte Mosaik von Wald, Wiese und Feld, das für Deutschland charakteristisch ist, wird im Mittelgebirgsraum durch die tektonischen Leitlinien der Waldgebirge geordnet. Neben den besonders im Nordwesten und im Alpenvorland hervortretenden *Grünlandregionen* bilden die *Hauptanbaugebiete* mit hochwertigen Böden ein weiteres augenfälliges Strukturelement. In ihnen tritt der Wald stark zurück. In den Börden, z. B. im nördlichen und östlichen Harzvorland, finden wir Ackerlandanteile von etwa 80 % der Gesamtfläche, im Mecklenburgischen Grundmoränenland von 63 %, in den schwäbischen Gäuen und im bayerischen Tertiärhügelland von über 50 %. Auch die Rebflächen Rheinhessens erreichen mit 71 % ähnlich hohe Werte.

Im Gegensatz zur einheitlichen Darstellung des Waldes ist das waldfreie **Offenland** farblich stärker differenziert. Die verschiedenen Farben signalisieren dabei *ackerbauliche Ungunst oder Gunst:* grau für unwirtliche Höhenregionen, grün für feuchte Gebiete, Gelbtöne für die übrigen Bereiche. Ein zarter Wiesenraster bzw. sein Fehlen deutet die vorherrschende landwirtschaftliche Nutzung dieser Räume an: *Grünland* mit, *Ackerland* ohne Wiesenraster. Darüber hinaus kennzeichnet ein roter Punktraster Räume mit besonderer *Bodenfruchtbarkeit,* wobei Börden, Gäue und andere lößbedeckte Gebiete mit großer Nutzungsmöglichkeit durch einen intensiveren gelben Flächenton herausgehoben werden (vgl. AW 4/5).

Im Bereich der **See- und Flußmarschen** halten sich Grünland und Ackerland etwa die Waage. Ganz allgemein gilt, daß die künstennahen jüngeren Marschen meist *Ackerland* tragen, während das küstenferne ältere Marschenland durch *Viehhaltung und Milchwirtschaft* auf fetten Weiden geprägt ist. Der hohe Grundwasserstand der abgesunkenen älteren Marschen ist die Ursache dieser Verschiedenheit. Im Einzugsbereich des Großmarktes Hamburg ist, wie die Karten „Norddeutschland" (AW 16/17) und „Hamburg und die Elbmündung" (AW 7) ausweisen, der einst vorherrschende Getreideanbau durch intensive *Obst- und Gemüsekulturen* sowie durch Milchwirtschaft verdrängt worden. Die zarte bräunlichgrüne Flächenfarbe der Marsch entspricht der Fruchtbarkeit und dem relativ hohen Grünlandanteil des Marschengürtels.

Die **Talniederungen und Urstromtäler Norddeutschlands** sind, mit Ausnahme des

Oderbruches und einiger kleiner Räume, vorwiegend *Wiesen und Weiden,* soweit nicht *Moor* und *Sumpf* eine landwirtschaftliche Nutzung ganz verhindern. Die helle grüne Flächenfarbe wird daher in sinnvoller Weise durch die Grünlandsignatur unterstützt. Besonders die breiten Urstromtäler bilden als grünlandreiche Bänder in Anlehnung an das Flußnetz eine wertvolle Ordnungshilfe.

Das **Jungmoränengebiet des Alpenvorlandes** zeichnet sich durch die weitgehende Kombination von zartgrüner Flächenfarbe und flächendeckender Grünlandsignatur ähnlich markant ab. Weitgeschwungene bewaldete Endmoränenwälle und Seen grenzen diese kuppige Grundmoränenlandschaft im Norden ab. Wegen des schon recht kühlen Klimas und der hohen Niederschläge im Stau der Alpen wird sie überwiegend zur *Viehwirtschaft* genutzt. Nur das *Bodenseegebiet* nimmt eine Sonderstellung ein. Als Wärmeinsel besitzt es vor allem in Seenähe nur wenige Frosttage und einen langen sonnigen Herbst. *Wein und Obst,* auf der Süddeutschlandkarte (AW 18/19) durch rote Signaturen ausgewiesen, reifen hier in großer Fülle.

Alle übrigen Tief- und Hügelländer sowie die Beckenlandschaften Süddeutschlands werden in gelben Farbtönen dargestellt, jedoch nach Art und Qualität der Böden unterschieden.

Unter den **Tief- und Hügelländern mit mittleren und geringen Böden** nimmt die Geest Nordwestdeutschlands den größten Raum ein. Wie in der Marsch ist das Verhältnis von *Grünland und Ackerland* ausgeglichen. Die nur noch in Resten vorhandenen Heidegebiete dieser ausgelaugten sandigen Flächen sind heute weitgehend Ackerland, das bei künstlicher Düngung recht ertragreich und wegen der lockeren Böden leicht zu bearbeiten ist.

Die **Tief- und Hügelländer mit hochwertigen Böden** sind durch einen dichten roten Punktraster hervorgehoben. Unter ihnen ragt im Kartenbild der die Ostsee umrahmende Gürtel des Schleswig-Holsteinischen, Mecklenburgischen und Pommerschen Jungmoränenlandes heraus. Endmoränen mit Wäldern und Seen grenzen ihn im Süden ab. Seine fruchtbaren Geschiebemergel- und -lehmböden ermöglichen eine *vielfältige Landwirtschaft.* Wiesen und Weiden sind auf wenige schmale und oft versumpfte Talauen beschränkt.

Die **Lößgebiete** erhalten durch eine Intensivierung der gelben Grundfarbe zusätzliches Gewicht, so daß diese seit Jahrhunderten waldoffenen, vom Boden her besonders begünstigten Ackerländer im Kartenbild klar hervortreten. Die Börden und Tieflandsbuchten am Rande der Mittelgebirgsschwelle, die Gäue des süddeutschen Stufenlandes, Wetterau, Rheinhessen, Weinstraße, Bergstraße, Kaiserstuhl und Breisgau sowie Hallertau und Dungau gehören zu diesen agraren Gunsträumen, in denen außer dem Wald auch das Grünland stark zurücktritt. Im allgemeinen sind Weizen und Zuckerrüben, in klimatisch begünstigten Räumen jedoch auch Wein- und Obstbau charakteristisch.

Die landwirtschaftlichen Nutzflächen der **Mittelgebirge** sind durch relativ hohe Niederschläge und eine kurze Vegetationsperiode benachteiligt. Sie werden in zarter *grauer Flächenfarbe* kartiert und bilden, wie bereits erwähnt, in Verbindung mit Wald und Relief, ein weiteres wichtiges Gliederungselement der Karte. In der Nutzung finden wir neben *Wiesen und Weiden* relativ viele *Ackerflächen,* auf denen meist Roggen und Kartoffeln, oft aber auch Grünfutter angebaut werden.

Wegen ähnlicher, jedoch noch ausgeprägterer Klimaungunst wird im **Hochgebirge** das offene Land über der Waldgrenze in einem nur leicht abgewandelten *Grau* dargestellt. Dabei kennzeichnen Grünlandsignaturen *Almen* und Matten, während die landwirtschaftlich nicht nutzbare Fels- und Eisregion durch Fels- und Gletscherzeichnung signaturhaft charakterisiert wird.

Die Landschaftsgürtel der Erde

Einführung in die geographischen Karten der Welt, der Erdteile und Großräume

Klimazonen und Landschaftsgürtel gehören zu den **grundlegenden Ordnungskategorien** des lernzielorientierten Geographieunterrichtes. Sie nehmen daher eine zentrale Stellung im Unterricht ein.
Unter dem Stichwort „Orientieren in der Welt" soll der Schüler schon am Beginn der Sekundarstufe I die Gegensätze zwischen Tropen, polaren und gemäßigten Gebieten im Kartenbild erkennen und „die Erde in verschiedene Naturräume" gliedern. An Beispielen aus Trockenräumen, kalten und feuchtheißen Gebieten der Erde soll er erarbeiten, „wie Menschen auf der Erde wirtschaften und wohnen".
Später bilden die Landschaftsgürtel die Grundlage für die beispielhafte Betrachtung der „Inwertsetzung und Umwertung von Räumen" und die Erörterung der Gegensätze zwischen Entwicklungs- und Industrieländern. Auch für die geographische und wirtschaftliche Analyse der Großmächte, z. B. USA oder UdSSR, ist die Kenntnis der Struktur der Landschaftsgürtel eine wichtige Arbeitsgrundlage.
Die Ableitung der Vegetationszonen aus ihren klimatischen Voraussetzungen schließt diese globalen Betrachtungen ab. Das System der Landschaftsgürtel soll am Ende der Schulzeit verfügbar sein.
Die geographischen Grundkarten des Alexander Weltatlas dienen dieser umfassenden Aufgabenstellung. Die Landschaftsgürtel der Erde, ihre Verbreitung und kartographische Darstellung im Bild der geographischen Grundkarte sollen daher im folgenden kurz erläutert werden. Dabei stehen neben der doppelseitigen Weltkarte „Die Großlandschaften der Erde" im Maßstab 1 : 60 Mio. vor allem die geographischen Erdteilübersichten in den Maßstäben 1 : 25 Mio. und 1 : 30 Mio. (Asien, Arktis und Antarktis) und die geographischen Grundkarten der außereuropäischen Großräume in den Maßstäben 1 : 15 Mio., 1 : 10 Mio. und 1 : 7,5 Mio. im Blickfeld.

Wüsten und Halbwüsten

Innerhalb der Trockenzone der Erde, die etwa ein Viertel der Landoberfläche umfaßt, nehmen die wüstenhaften Gebiete mit weniger als 250 mm Jahresniederschlag etwa 18 Mio. km² ein. Ihr Klima ist gekennzeichnet durch Regenarmut und völlige Unzuverlässigkeit der Niederschläge. Die Pflanzendecke ist so schütter, daß das Landschaftsbild von den Gesteins- und Bodenformen bestimmt wird.
Die weltweite Ausdehnung der Wüsten und Halbwüsten sowie ihre Ausprägung als Landschaftsgürtel kommt in der Karte der Großlandschaften der Erde eindrucksvoll zum Ausdruck. Die leichte *rosa Flächenfarbe* deutet auf Trockenheit und Vegetationslosigkeit hin. In den entsprechenden Karten der außereuropäischen Großräume sind die verschiedenen Wüstentypen — Sandwüste (Erg), Kieswüste (Serir), Steinwüste (Hamada), Basaltwüste, Salzpfannen und Salztonwüsten — durch *zusätzliche Signaturen* gekennzeichnet, die dem vorherrschenden Gesteinsmaterial angeglichen sind. So gibt die braune Signatur der Hamada die Bedeckung des Wüstenbodens mit eckigen Gesteinsscherben wieder, während ein roter Punktraster die eigentlichen Sandwüsten ausweist (vgl. AW 67/68).
Nach den Ursachen der Trockenheit werden Passatwüsten und Binnenwüsten unterschieden.

Zu den **Passatwüsten** gehören die Sahara und die Wüsten Arabiens (AW 67/68), die Namib und die Atacama sowie die Wüsten und Halbwüsten Niederkaliforniens (AW 82/83) und Australiens (AW 74/75). Hier bestimmen die absteigenden Luftmassen der Roßbreiten und das System der Passate das Klima. Die austrocknende Wirkung der sich erwärmenden Passatwinde ist dabei so groß, daß entstehende Niederschläge schon in großen Höhen verdunsten. Bei den Küstenwüsten, z. B. der Atacama (AW 87) oder der Namib (AW 69/70), verhindern kalte Auftriebswasser das Entstehen von Niederschlägen fast völlig. In den höheren Breiten wird die Trockenheit durch Meeresferne und abschirmende Gebirge verursacht. Die **kontinentalen Binnenwüsten** im Innern der Erdteile setzen die Passatwüsten polwärts fort.

In der Alten Welt entsteht auf diese Weise der geschlossene *afrikanisch-asiatische Trockengürtel*, der mit der Gobi (AW 55/56) fast den Pazifik erreicht. Der *Trockengürtel Südamerikas* (AW 87–90) beginnt unter dem Einfluß des kalten Humboldtstromes bereits am Äquator, kreuzt dann die Anden und gewinnt in deren Regenschatten in Ostpatagonien seinen südlichsten Punkt. Er ist zwar nur 500—600 km breit, erstreckt sich aber über 50 Breitengrade. Auch in Nordamerika, Südafrika und Australien verbinden sich Passatwüsten und Binnenwüsten zu geschlossenen Trockenräumen.

Der tropische Regenwald

Der tropische Regenwald tritt uns in der geographischen Weltkarte beiderseits des Äquators als auffallendes Ordnungselement entgegen. Ohne Kälte- und Trockenruhe weist er ein überaus üppiges Wachstum auf. Eine Vielzahl von Arten in fünf bis sechs Stockwerken übereinander, die höchsten Bäume bis über 50 m Höhe aufragend, Schlingpflanzen und Epiphyten sind für ihn charakteristisch.

Dieser klar abgegrenzte, dem immerfeuchten tropischen Klima zugeordnete Vegetationstyp wird im Bild der geographischen Grundkarten durch eine intensive *gelbgrüne Flächenfarbe mit dichten blauen Laubbaumsignaturen* gekennzeichnet. Die Darstellung entspricht einer typisierten Luftaufnahme des dichten Blätterdaches, die Farbgebung signalisiert Wärme und Feuchtigkeit. Die „Hylaea" des Amazonasbeckens (AW 88/89), die tropischen Regenwälder des Kongobeckens, Hinterindiens und Indonesiens treten in den Karten als geschlossene Waldgebiete markant hervor. Mit den *Galeriewäldern* der Flüsse ragt der tropische Regenwald weit in angrenzende Feuchtsavannen hinein.

An den schlammigen Küsten der immerfeuchten Tropen finden wir im Brackwasser die **Mangrovenwälder** mit ihren Stelz- und Atemwurzeln. Diese schmalen, bei Flut überschwemmten amphibischen Küstenstreifen werden durch eine blaugraue Flächenfarbe gekennzeichnet; die Baumsignatur entspricht der des tropischen Regenwaldes.

Die Wald- und Grasländer der wechselfeuchten Tropen

An den tropischen Regenwald bzw. die Wüsten und Halbwüsten schließen sich Trockenwälder, Savannen und Steppen an. Vom Rande des Regenwaldes bis zur Halbwüste sind offene Waldformationen, Busch- und Grasländer meist nebeneinander anzutreffen. Die Vegetationszonen der wechselfeuchten Tropen werden daher nach der Zahl der ariden Monate gegliedert (AW 108/109):

	Jahresniederschlag	aride Monate
Tropischer Regenwald	über 1800 mm	0—2
Feuchtsavanne	1100—1800 mm	2—4
Trockensavanne	500—1100 mm	4—8
Dornsavanne	250— 500 mm	8—10
Halbwüste und Wüste	weniger als 250 mm	10—12

In den geographischen Grundkarten des Alexander Weltatlas werden **Savannen** (und Steppen) in einer zarten *hellbraunen Grundfarbe* dargestellt, die an die Dürre der Trockenzeit erinnert. Eine Differenzierung erfolgt durch flächenhafte Baumsignaturen:

Die **Feuchtsavanne** mit 8–10 humiden Monaten wird durch *blaue Bäume* gekennzeichnet, z. B. in Afrika in der Großlandschaft des Sudan und rings um den tropischen Regenwald (AW 67/68). Immergrüne Galeriewälder begleiten häufig die Flüsse. Weite Gebiete, z. B. der Sudd am

Bahr el Djebel, sind periodisch überschwemmt.
In den **Trocken- und Dornbuschsavannen** werden die großen *Trockenwälder* durch eine *lockere braune Baumsignatur* gekennzeichnet, z. B. die meist lichten und grasunterwachsenen Miombo- und Mopanewälder Afrikas und die Caatingas im nordöstlichen Notstandsgebiet Brasiliens (AW 69/70, 88/89).
Durch *Eingriffe des Menschen* — Schlagen und Brennen des Waldes, Beweidung und regelmäßiges Grasbrennen — ist die natürliche Vegetation der wechselfeuchten Tropen stark umgestaltet worden. An die Stelle der ursprünglichen Bodenbedeckung sind vielfach *sekundäre Formationen,* degenerierte Wälder oder savannenähnliche Grasfluren, getreten. Als Folge dieser Vegetationszerstörung setzen sich die Grasfluren gegenüber den Waldformationen durch. Die damit verbundene Austrocknung trägt wesentlich zu Dürren und Hungersnöten bei, die besonders in der Sahelzone Afrikas (AW 67/68, 116 II) katastrophale Formen angenommen hat.

Der tropische und der subtropische Monsunwald

In den *wechselfeuchten Tropen* nimmt wegen der hohen Niederschläge der Monsunregion der **regengrüne Monsunwald** eine Sonderstellung ein. Trotz einer kurzen Trockenruhe unterscheidet er sich allerdings nur wenig vom immergrünen tropischen Regenwald und ist daher grundsätzlich in der Signatur des tropischen Regenwaldes dargestellt. Nur in den Karten der Großräume im Maßstab 1 : 10 Mio. und 1 : 15 Mio., z. B. Vorderindien (AW 59/60), wo das tropische Monsunklima besonders großflächig ausgeprägt ist, erhält er eine eigene Signatur. Diese entspricht in der Flächenfarbe dem Grün des tropischen Regenwaldes, berücksichtigt jedoch mit einer *braunen Baumstruktur* die charakteristische Trockenperiode. Die Signatur für „Teakholz" weist auf die wirtschaftliche Nutzung der regengrünen Monsunwälder hin.
Die *subtropischen Monsungebiete,* die an den Ostseiten der Kontinente liegen, sind in Südostchina (AW 57/58) besonders charakteristisch ausgebildet. Kennzeichnend für sie ist der Gegensatz zwischen einem heiteren trockenen Winter und einem schwülen niederschlagsreichen Sommer. Die ursprünglich ausgedehnten **subtropischen Feuchtwälder** dieser Gebiete sind heute weitgehend gerodet. Ihre Restbestände werden im Alexander in der Signatur der sonstigen geschlossenen hochstämmigen Wälder dargestellt. Reis und Baumwolle sind die Hauptanbauprodukte. In Südostchina hat sich dabei eine typische Höhenstufung ausgebildet: Reis und Tee in den Tälern und an den unteren Hängen, darüber Buschwald und Gestrüpp und erst auf den Höhen Lorbeer- und Kiefernwaldungen.

Die subtropischen mediterranen Winterregengebiete

Die an den Westseiten der Kontinente zwischen 30 und 45 Grad Breite liegenden subtropischen Winterregengebiete (AW 108/109) nehmen mit insgesamt etwa 2,5 Mio. km² nur einen kleinen Raum ein. Als Folge der sich jahreszeitlich verlagernden innertropischen Konvergenz wird im Sommer das Klima von der Trockenheit des Wüstengürtels, im Winter von den regenbringenden Zyklonen der gemäßigten Breiten bestimmt.
Der ursprüngliche *weitständige Wald* ist größtenteils der Rodung und Beweidung zum Opfer gefallen und durch dorniges Gestrüpp und Buschwald, die *Garriguen und Macchien,* ersetzt worden. Die bodenständigen *Nutzpflanzen,* der tiefwurzelnde Weinstock, Ölbaum, Feige, Edelkastanie, Stein- und Korkeiche, sind dem sommertrockenen Klima angepaßt. Dagegen erfordern die aus feuchten Klimaten stammenden Nutzpflanzen, wie Baumwolle, Reis und Agrumen, künstliche Bewässerung.
In Nord- und Südamerika, wo die Ketten der Sierra Nevada und der Anden den Bereich der subtropischen Winterregengebiete stark einengen, sowie in Südafrika und Südwestaustralien wurde auf eine separate Darstellung des mediterranen Waldes und Buschwaldes verzichtet. Hier weisen die Bewässerungsgebiete und der

Anbau von Zitrusfrüchten und Wein auf den mediterranen Charakter der Landwirtschaft hin (AW 82, 90).
Auf den Karten der europäischen Mittelmeerländer im Maßstab 1 : 3 Mio. (AW 31 ff.) dagegen wird die typische mediterrane Vegetation gesondert ausgewiesen. Die **sommertrockenen mediterranen Wälder,** die großflächig nur noch in Spanien (AW 32/33) zu finden sind, erhalten eine neutrale *braune Waldstruktur* auf grüner Flächenfarbe, die der Durchmischung von Nadel- und Laubbäumen (Pinien und Eichen) und dem trockenen Klima entspricht. Das oft als Schaf- und Ziegenweide genutzte **Gras- und Buschland** der Garriguen und Macchien ist durch die leichte *braune Farbe der Grasländer* mit einer *lockeren braunen Buschsignatur* gekennzeichnet.

Die Wald- und Grasländer der gemäßigten Zone

Die dichten hochstämmigen **Wälder** des gemäßigten Klimas, die einst südlich des borealen Nadelwaldes weite Gebiete Europas und Nordamerikas bedeckten (vgl. AW 109), sind heute größtenteils gerodet und in Ackerland umgewandelt. Auch forstwirtschaftlich ungenutzte Wälder sind nur noch selten zu finden. Dabei sind Nadel-, Laub- und Mischwälder wegen ihrer starken Durchmischung großflächig nur bedingt zu trennen.
Die kartographische Darstellung muß daher, um nicht unübersichtlich zu werden, zusammenfassen und vereinfachen. Das *Flächengrün* steht zwischen dem warmen Ton des tropischen Regenwaldes und dem kalten Blaugrün des borealen Nadelwaldes. Die *Waldstruktur* ist neutral gehalten; sie vermittelt den Eindruck Wald, ist jedoch weder dem Nadel- noch dem Laubwald zugeordnet. In großen Flächen findet sich diese Darstellung geschlossener hochstämmiger Wälder auf den Kartenblättern der Vereinigten Staaten (AW 82/83), Mitteleuropas (AW 26/27), der Alpen (AW 24/25), Osteuropas (AW 48/49) und Japans (AW 54).
Die Waldgrenze fällt in der gemäßigten Zone etwa mit der 450-mm-Isohyete zusammen. Äquatorwärts schließt sich die **Steppe** an, die im Herbst „ausbrennt" und nur nach der Schneeschmelze im Frühjahr günstige Wachstumsbedingungen aufweist. Die *hellbraune Flächenfarbe,* in der auch die Savannen der wechselfeuchten Tropen dargestellt sind, entspricht dem Zustand der herbstlichen Dürre. Die Hauptverbreitungsgebiete der Steppen finden wir auf der Nordhemisphäre, vor allem in Osteuropa (AW 48/49) und Nordamerika (AW 82/83). Auf der südlichen Hemisphäre nehmen sie nur relativ kleine Flächen ein; am ausgedehntesten sind hier mit etwa einer halben Mio. km² die weitgehend in Kulturland umgewandelte argentinische Pampa und das vorwiegend als extensive Schafweide genutzte Ostpatagonien (AW 90).
Wie die Wälder sind auch die Steppen der gemäßigten Zone heute weitgehend **Kulturland,** das in der geographischen Weltkarte durch *gelbe Flächenfarbe* gekennzeichnet ist. Hier liegen die großen Kornkammern Europas und Nordamerikas (vgl. AW 48/49 bzw. 82/83).

Landschaften der kalten Zone

Die breitenparallele Abfolge der Landschaftsgürtel ist besonders in der kalten Zone der nördlichen Hemisphäre ausgebildet (AW 92/93). Vom Süden nach Norden folgen borealer Nadelwald (Taiga), Waldtundra und Tundra aufeinander, an die sich polwärts Kältewüsten, Inlandeis und Meeresvereisung anschließen.
Der **boreale Nadelwald** der Taiga umspannt auf der Nordhemisphäre den ganzen Erdball. Er besteht aus nur wenigen und langsam wachsenden Nadelholzarten, Laubbäume können hier wegen der Ausdehnung der kalten Jahreszeit auf über sechs Monate nicht mehr gedeihen. Dunkle Fichten, Lärchen, Tannen und Kiefern sind für diese Wälder charakteristisch, die besonders in Westsibirien von riesigen Mooren unterbrochen werden.
Diesem Erscheinungsbild, dem sich der Eindruck der Kälte und Eintönigkeit zuordnet, entspricht in den geographischen Grundkarten eine *blaugrüne Flächenfarbe* mit dichten *blauen Nadelwaldsignaturen.* Die Kartenblätter Kanada und Alaska (AW

80/81), Sowjetunion (AW 50/51) und Nordeuropa (AW 80/81) vermitteln einen fast luftbildhaften Eindruck dieser Großlandschaft.
Eine mehrere hundert Kilometer breite Übergangszone leitet vom borealen Nadelwald zur Tundra über. Zunächst finden sich in den Wäldern einzelne baumlose Stellen. Diese waldfreien Inseln nehmen nach Norden immer mehr zu, bis schließlich nur noch einige verkrüppelte Waldflecken übrig bleiben. Innerhalb dieser breiten Kampfzone der **Waldtundra** liegt die Polargrenze des Waldes, die etwa mit der 10°-Isotherme des wärmsten Monats zusammenfällt.
Da es nicht möglich ist, die mosaikartige Verzahnung von Wald und Tundra darzustellen, wird die Waldtundra durch der Taiga verwandte, aber *offene Nadelwaldsignaturen* als Übergangsgebiet gekennzeichnet.
Die **Tundra** selbst ist durch Waldlosigkeit und rauhes Klima charakterisiert. Allein in der Sowjetunion nimmt sie über 3 Mio. km² ein. Die Vegetationszeit ist auf einen ein- bis zweimonatigen „Polartag" zusammengedrängt. Trotz der geringen Niederschläge von unter 200 mm kann das Wasser nicht in den dauernd gefrorenen Boden eindringen. Nur anspruchslose Moose und Flechten oder verkrüppelte Zwergbirken und Weiden gedeihen unter diesen Bedingungen. Eine kalte *graue Flächenfarbe* weist auf die Kälte und Unwirtlichkeit dieses Landschaftsgürtels hin.

Die Vereisung von Land und Meer

Durch den Verzicht auf die Darstellung des untermeerischen Reliefs, die im Alexander Weltatlas den physischen Karten vorbehalten bleibt, können auch die Eisverhältnisse der Meere in die Grundkarten aufgenommen werden. **Meeresvereisung, Inlandeis und Gletscher** fügen sich organisch in den Zusammenhang der Klima- und Vegetationszonen ein.
Auf Grund ihrer klimatischen Verhältnisse — lang andauernde, extrem starke Kälte selbst im kurzen Sommer, kein Monatsmittel über 0 Grad — sind beide Polargebiete der Erde von Eis bedeckt. Die geographischen Grundkarten Arktis und Antarktis, Asien und Nordamerika, Kanada und Alaska, Nordeuropa und Sowjetunion stellen die Vereisung von Land und Meer ausführlich dar. Hierbei wird zwischen dem ständig vereisten Polarmeer und dem Maximum der Vereisung im Frühjahr unterschieden. Zur weiteren Kennzeichnung des Maximalstandes werden gelegentliche Vereisung, Treibeis und das weiteste Vorkommen von Eisbergen hervorgehoben.
In der **Arktis** (AW 91 I) spielt das Meereis die entscheidende Rolle, während die Landvereisung mit etwa 2 Mio. km² vor allem Grönland umfaßt. Das mehrjährige, im Winter völlig geschlossene Packeis des polaren Kerngebietes bewegt sich im Uhrzeigersinn um den Nordpol und fließt im Ostgrönlandstrom zwischen Grönland und Spitzbergen allmählich nach Süden ab (vgl. AW 78/79). Da die Landvereisung außerhalb Grönlands sehr gering ist, ist das Nordpolarmeer weitgehend frei von Eisbergen. Die Talgletscher Grönlands sind nahezu die einzigen Eisberglieferanten. Aus der Diskobucht Westgrönlands (AW 80/81) stammen etwa zwei Drittel der jährlich rd. 7500 Eisberge, die der Labradorstrom nach Süden verfrachtet.
In der **Antarktis** (AW 91 II) ist fast die gesamte, über 13 Mio. km² umfassende Landmasse von Inlandeis bedeckt. Dieser Eiskern ist im Winter von einem Packeisgürtel umgeben, der bei 55° Süd beginnt. Die Tafeleisberge, die sich aus dem Schelfeis lösen, dringen bis 42° Süd vor.
Von den etwa 28 Mio. km³ Eis, das die Landoberfläche der Erde bedeckt, liegen 87 % auf dem antarktischen Festland und 12 % auf Grönland. Demgegenüber entfällt auf die **Vergletscherung der Gebirge** weit unter 1 %. Gleichwohl sind im Kordillerensystem des amerikanischen Doppelkontinents im Norden (Alaska) rd. 51 000 km², im Süden (Patagonien) rd. 18 000 km² vergletschert. In der alten Welt zeigen die Hochgebirge Zentralasiens die stärkste Vergletscherung. Hier, vor allem im Himalaya, Transhimalaya, Karakorum und Hindukusch, sind über 100 000 km² von Gletschern bedeckt, also eine Fläche, die etwa der der DDR entspricht.

Kartenarbeit und Karteninterpretation

Hinweise zur Kartenarbeit

Im Gegensatz zum Lehrbuch ist der Atlas — obwohl er den Schüler während der gesamten Schulzeit begleitet — kein Leitfaden für eine lehrplangemäße Abwicklung des Unterrichtes. Seine Karten sind zwar notwendige, aber zusätzliche Arbeitsmittel, die bei Bedarf in den Unterrichtsablauf einbezogen werden.

In den Lehrplänen ist die Kartenarbeit weitgehend den *instrumentellen* Lernzielen zugewiesen. Von einfachen Fertigkeiten wie „Himmelsrichtungen bestimmen" oder „Legenden lesen" bis hin zur selbständigen „Erarbeitung eines Raumes oder eines Themas" (AW XIV–XVI) reicht die Spannweite der Arbeitsmöglichkeiten.

Darüber hinaus aber gewinnt der Atlas in zunehmendem Maße Bedeutung als *Ordnungsinstrument*. Der Überblick über weltweite topographische, naturgeographische, wirtschafts- und sozialräumliche Ordnungssysteme, über regionale Disparitäten und globale Verflechtungen gehört zu den Kenntnissen, die in den Lehrplänen gefordert, jedoch nur mit Hilfe des Atlas erworben werden können.

In diesem Kapitel werden einige Hinweise auf Arbeitsmöglichkeiten mit den Karten der Neuen Gesamtausgabe gegeben. Sie erheben keinen Anspruch auf Vollständigkeit und sollen lediglich Anregungen für die Atlasarbeit im Unterricht vermitteln. Die in Ergänzung dazu angebotenen Karteninterpretationen thematischer Beispiel- und Übersichtskarten sind dem in Vorbereitung befindlichen Lehrerhandbuch zur Neuen Gesamtausgabe entnommen.

1. Die physische Karte

Im neuen großen Alexander stehen zwei Typen physischer Karten zur Verfügung:

Die *physisch-topographischen* Karten des Grundteiles (vgl. AW VIII–IX), die außer Relief und Höhenschichten alle für die topographische Kartenarbeit notwendigen Informationen enthalten.

Die *physisch-thematischen* Karten des thematischen Teiles (vgl. AW X oben), die auf das Thema „Oberflächenformen" ausgerichtet sind. In ihnen sind daher nichtthemenrelevante topographische Aussagen entweder stark reduziert (z. B. nur wenige Orte als Orientierungshilfen) oder ganz ausgegliedert (z. B. Verkehrswege). In Ergänzung der Thematik wurden dagegen zusätzliche Vulkansignaturen aufgenommen.

Die Abbildung der Oberflächenformen durch Relief und Höhenschichten ist auf allen physischen Karten gleich. Sie wird im Atlas (AW 3 und 5) im Vergleich mit der geographischen Grundkarte ausführlich interpretiert (s. dazu auch „Deutschland und seine räumliche Gliederung" in diesem Heft). Zusätzlich ist den meisten Legenden ein Blockbild in Höhenschichteneinfärbung zur Veranschaulichung beigegeben.

Die Verwendung der physischen Karte im Unterricht kann unter topographischen oder unter thematischen Gesichtspunkten erfolgen.

Topographische Kartenarbeit mit physischen Karten

Die physische Karte wird nach wie vor als Hauptübungskarte für das topographische Kartentraining eingesetzt, das dem Schüler ein sicheres und ständig verfügbares topographisches Grundwissen vermitteln soll.

Beispiel: Europa, Südteil, physische Länderübersicht (AW 44/45)

Die Doppelseite vereint alle Vorzüge topographischer Trainingskarten: einen großen Maßstab und Kartenausschnitt, ein klares und offenes Kartenbild sowie einen informativen und ausgewogenen Karteninhalt. Deutschland (und damit auch der Heimatraum) kann zum Vergleich herangezogen werden, ohne umblättern zu müssen.

Thematische Kartenarbeit mit physischen Karten

Alle physischen Karten sind zugleich thematische Karten der orographischen Gliederung und Oberflächengestaltung.

Beispiel: Oberflächenformen der Erde (AW 94/95)

Mit dieser doppelseitigen Weltkarte können Relief und orographische Großgliederung der Erde erarbeitet werden. Die ergänzend aufgenommenen Vulkansignaturen ermöglichen die Vertiefung des Themas und vermitteln zusätzliche Impulse.

2. Die geographische Grundkarte

Wie die physische Karte steht auch die geographische Grundkarte in zwei Bearbeitungsformen zur Verfügung:

Die *geographische Übersichtskarte,* die sich von der physischen Karte allein dadurch unterscheidet, daß sie anstelle der Höhenschichten eine flächenhafte Darstellung der Vegetation und Bodennutzung enthält.

Die „eigentliche" *geographische Grundkarte,* die zusätzlich zu Vegetation und Bodennutzung mit Signaturen für Agrarprodukte, Bergbau und Industrie ausgestattet ist.

Gestaltung und Darstellungsmittel der geographischen Grundkarten sind bereits ausführlich dargelegt worden. Der erfolgreiche Umgang mit der geographischen Grundkarte erfordert ohne Zweifel Einarbeitung und regelmäßige Übung. Andererseits ist kein Kartentyp so vielfältig einsetzbar wie die geographische Grundkarte.

Topographische Kartenarbeit mit geographischen Übersichtskarten

Die topographische Bearbeitung der geographischen Übersichtskarten entspricht der der physisch-topographischen Karten. Sie können daher wie diese für die topographische Kartenarbeit eingesetzt werden.

Beispiel: Deutschland — Geographische Übersicht (AW 20/21)

Im Gegensatz zur physischen Karte ist der Ordnungsrahmen der Karte nicht orographisch, sondern natur- und wirtschaftsräumlich angelegt. Landschaften sind nicht nur durch Namen („Worthülsen"), sondern auch durch entsprechende Flächensignaturen gekennzeichnet (z. B. Dithmarschen, Mageburger Börde) und in ihrer Eigenart charakterisiert (z. B. Schwarzwald = Waldgebirge, Dungau = fruchtbare Ackerbaulandschaft).

Das Bild der physischen Karte wird dem Schüler anfänglich vertrauter sein als das der geographischen Grundkarte. Daher empfiehlt es sich, die topographische Arbeit mit der physischen Karte zu beginnen und erst nach Sicherung topographischer Grundkenntnisse die geographische Grundkarte zur Vertiefung hinzuziehen (vgl. das Kartenpaar Südamerika AW 86/87).

Thematische Kartenarbeit mit geographischen Übersichtskarten (Vegetation und Bodennutzung)

Wie die physischen Karten als Karten der Oberflächenformen können die geographischen Übersichtskarten als Karten der Vegetation und Bodennutzung eingesetzt werden. In beiden Fällen ist der für eine Übersichtskarte große Maßstab ein zusätzlicher Vorteil.

Beispiel: Afrika, Geographische Erteilübersicht (AW 65/66)

Die Karte gibt einen großflächigen Überblick der Vegetation und Bodennutzung des Erdteiles. Im Verbund mit den Meeresströmungen und den zugeordneten Nebenkarten der Niederschläge kann die zonale Gliederung Afrikas entwickelt werden.

Selektive Kartenarbeit mit geographischen Grundkarten

Die geographische Grundkarte unterscheidet sich von der physischen Karte durch ihren Informationsreichtum, der selektiv für die verschiedensten Themen genutzt werden kann. Die folgenden Beispiele sollen Hinweise zur selektiven Auswertung geben.

Konzentration auf ein Thema
(ohne zusätzliche methodische Hilfsmittel)

Beispiel: München, Alpenvorland und Alpen (AW 15)

In vergleichender Betrachtung der verschiedenen Verkehrsverbindungen, z. B. zwischen München und Innsbruck, kann das Thema „Verkehr“ sowie die Reliefabhängigkeit der verschiedenen Verkehrsträger exemplarisch erarbeitet werden. Autobahnen, Straßen, Eisenbahnen und Flugplätze sind in der Karte verzeichnet.

Konzentration auf ein großräumiges Thema (methodische Hilfe: transparentes Deckblatt)

Beispiel: Japan und Korea (AW 54)
Als Arbeitsaufgabe sind die Standortgrundlagen der japanischen Stahlerzeugung zu ermitteln. Nach Auswertung der Japankarte sollte die thematische Übersichtskarte „Die Eisen- und Stahlerzeugung der Welt“ hinzugezogen werden (z. B. fehlende Erzbasis).
Methodische Hilfe: Hochzeichnen auf Transparentpapier
Deckblatt auflegen, Küstenlinien hochzeichnen, alle Zeichen für Eisenverhüttung und Stahlerzeugung, Steinkohlenbergbau und Eisenerzbergbau eintragen.

Entsprechend kann im Vergleich von Raffinerien mit Erdöl- und Erdgasvorkommen Japans der geringe Umfang der japanischen Selbstversorgung mit Erdöl und Erdgas erarbeitet werden. Die thematische Übersichtskarte „Die Energieversorgung der Erde“ (AW 125) sollte auch hier im Anschluß an die Auswertung der Grundkarte die weltwirtschaftlichen Abhängigkeiten aufzeigen.

Konzentration auf einen kleinen Raum (methodische Hilfe: Deckblatt mit Fenster)

Beispiel: Der mitteldeutsche Wirtschaftsraum (AW 11)
Die Betrachtung des Braunkohlenbergbaues im Raum Bitterfeld („Fensterinhalt“) gestattet die Erarbeitung oder Anwendung grundlegender Einsichten (vgl. „Rheinisches Braunkohlenrevier“ AW 134).
Methodische Hilfe: Fenster schneiden, Auswahllegende erstellen
Bei der Konzentration auf einen relativ kleinen Kartenausschnitt hat sich bewährt, ein Blatt Papier mit ausgeschnittenem „Fenster“ (im vorliegenden Fall etwa 10 mal 10 cm) so aufzulegen, daß der nicht benötigte Raum abgedeckt ist. Für diesen kleinen Kartenausschnitt kann zusätzlich eine spezifische „Auswahllegende“ erstellt werden. Begriffe wie Braunkohlentagebau, Hochkippe, Wärmekraftwerk, Aluminiumverhüttung, chemische Industrie können mit Hilfe dieser Arbeitslegende aufgelistet, erläutert und in ihren Beziehungen diskutiert werden.

Die geographische Grundkarte als Ordnungsrahmen für die Einordnung von Beispielen
Mit Hilfe der geographischen Grundkarte können im Unterricht behandelte Fallbeispiele nicht nur (wie in der physischen Karte) topographisch lokalisiert, sondern auch geographisch und thematisch eingeordnet werden. Die geographischen Grundkarten stellen somit, parallel zu thematischen Übersichtskarten, einen wichtigen Ordnungsrahmen für den exemplarischen Unterricht dar. Siehe auch S. 32.

Beispiel: thematische Beispielkarte Oase Uargla (AW 114); geographische Grundkarte Afrika, Nordteil, und Vorderasien (AW 67/68)
Die Oase Uargla ist wie andere wichtige Oasen in der Grundkarte mit einer eigenen Oasensignatur eingetragen. Sie fügt sich in den Trockenraum der als Wüste ausgewiesenen Sahara ein. Auch der Einfluß des benachbarten Erdölgebietes von Hassi-Messaud auf die Oase wird im Kartenbild sichtbar.

Die geographische Grundkarte als Hauptbezugskarte für einen Raum
Bestimmte Räume werden im Verlauf des Unterrichtes wiederholt, jedoch unter unterschiedlichen Themenstellungen angesprochen. Die geographische Grundkarte gestattet hier nicht nur die Einordnung der einzelnen Themen, sondern auch ihre Verknüpfung zu einem regionalen Gesamtbild des Bezugsraumes.

Beispiel: Norddeutschland, geographische Grundkarte (AW 16/17)
Im Raum der deutschen Nordseeküste werden die Themen Küstenschutz (Schleswig-Holstein AW 122 I/II), Seebad (Wester-

land AW 145 I), Flußmarsch (Barge 119 I) und Hafen (Elbmündung AW 7, Hamburger Hafen AW 157) exemplarisch behandelt und anschließend in die geographische Grundkarte eingeordnet. In einer zusammenfassenden Wiederholung kann dann die deutsche Nordseeküste als Gesamtraum betrachtet werden.

Gliederung und Bewertung von Räumen mit Hilfe der geographischen Grundkarte

Inhalt und Darstellung der geographischen Grundkarte ermöglichen es, Räume geographisch zu gliedern und zu bewerten. Für die analytische Betrachtung bestimmter Räume, z. B. ausgewählter Entwicklungs- und Industrieländer oder der Weltmächte USA und UdSSR, steht damit eine anschauliche Grundlage zur Verfügung, auf deren Hintergrund die Aussagen thematischer Karten, statistische Daten und andere Materialien an Anschaulichkeit gewinnen und sich zu einem umfassenden Gesamtbild zusammenfügen.

Beispiel: Afrika, Nordteil, und Vorderasien (AW 67/68)

In Verbindung mit der Behandlung Algeriens als erdölproduzierendem Entwicklungsland soll das Land geographisch gegliedert und charakterisiert werden. Schon auf den ersten Blick tritt uns Algerien im Kartenbild als Wüstenland entgegen. Im wüstenhaften, vier Fünftel des Landes umfassenden Süden sind einerseits die physisch-geographischen Erscheinungsformen der *Wüste* dargestellt: Sandwüste (Erg), Kieswüste (Serir), Felswüste (Hamada), Salzpfannen der Schotts, periodisch wasserführende Flüsse und Trockentäler der Wadis. Andererseits wird das Leben des Menschen angesprochen: die Oasen und die bergbauliche Nutzung in den Erdölgebieten Hassi-Messaud und Sarsaitine. Pipelines führen zu den Ölhäfen der Küste.

Schwerpunkt der Bevölkerung ist die *Küstenregion am Mittelmeer.* Hier liegen die großen Städte (AW 177: Stadtbevölkerung 52 %), hier ist der landwirtschaftliche Anbau konzentriert (Ackerland = 3 % der Gesamtfläche). Hauptanbauprodukte sind die mediterranen Kulturen Wein und Zitrusfrüchte an der Küste, Oliven und Korkeichen im Hinterland. Wasserkraftwerke (mit Stauanlagen) und die Signaturen für Bewässerungsland weisen auf die Bedeutung der Bewässerung hin.

Südlich des Tellatlas wird das Land trokkener. Das *Hochland der Schotts* ist, von wenigen sommertrockenen mediterranen Wäldern abgesehen, Gras- und Strauchsteppe mit extensiven Schafweiden. Salzseen und periodisch wasserführende Flüsse belegen die nach Süden zunehmende Trokkenheit. Am Fuß des Saharaatlas beginnen Halbwüste und Wüste.

Zahlreiche große Signaturen für *Erdöl,* das Netz der Pipelines, Erdölraffinerien und chemischen Industrieanlagen der Städte weisen auf die Bedeutung dieses Energierohstoffes für das Land hin.

3. Politische Übersichtskarten (Staatenkarten)

Die politischen Übersichtskarten Deutschlands (AW 176), Europas (AW 172) und der Welt (AW 166/167), die die Staaten in unterschiedlichen Flächenfarben zeigen, sind einerseits thematische Karten, andererseits aber auch Übungskarten für die topographische Kartenarbeit. Da ihr Informationsgehalt begrenzt und das Kartenbild sehr offen ist, eignen sie sich besonders für die Kartenarbeit in den unteren Klassenstufen.

Topographische Kartenarbeit mit politischen Karten

Beispiel: Die Staaten der Erde — Politische Weltübersicht (AW 166/167)

Die Staaten der Erde (Namen, Lage, Zuordnung usw.) können wegen des Fehlens weiterer Informationen gut eingeübt werden.

Thematische Kartenarbeit mit politischen Karten

Beispiel: Bundesrepublik Deutschland und DDR — Politische Gliederung (AW 176)

Die politische Situation des geteilten Deutschlands wird in der Karte vor dem Hintergrund der wichtigsten Städte und Verkehrslinien dargestellt. Die Themen im einzelnen: die beiden deutschen Staaten, ihre unterschiedliche innere Gliederung, die besondere Situation Berlins (Teilung der Stadt, Transitwege), die politische Bedeutung der Grenzen und ihre unterschiedliche Durchlässigkeit (Art und Zahl der Grenzübergänge).

4. Thematische Übersichtskarten

Thematische Übersichtskarten geben einen regionalen oder globalen Überblick zu einem bestimmten Sachverhalt (z. B. Niederschläge) oder Thema (z. B. Welternährung). Im Alexander Weltatlas bilden sie für Deutschland, Europa und die Erde vergleichbare Serien. Seite VII im Atlas gibt einen zusammenfassenden Überblick der Themen, auf den Seiten X–XI sind diese in das Gesamtsystem des thematischen Teiles eingeordnet.
Die Auswertung thematischer Übersichtskarten kann, den Erfordernissen entsprechend, unter verschiedenen Gesichtspunkten erfolgen.

Gesamtauswertung thematischer Übersichtskarten

Das Thema der in Frage stehenden Übersichtskarte wird systematisch und vollständig erarbeitet.

Beispiel: Die Klimate der Erde (AW 108)
Das Verständnis des Systems der Klimate der Erde als Ganzes ist Ziel der Kartenarbeit (vgl. die Interpr. der Karte auf S. 43).

Selektive Auswertung thematischer Übersichtskarten

Einzelne Elemente der Karte werden unter Vernachlässigung des übrigen Karteninhaltes herausgearbeitet.

Beispiel: Weltreligionen und Konfessionen (AW 150 II)
Nur die Verbreitung einer bestimmten Religion, z. B. des Islam, wird aus der Karte „herausgefiltert".
Methodische Hilfen: Hochzeichnen auf Transparentpapier, Auflisten der islamischen Staaten und Zuordnung der Zählgitterwerte zu den Bezugsräumen.

Vergleichende Kartenarbeit mit thematischen Übersichtskarten

Die vergleichende Kartenarbeit mit thematischen Übersichtskarten kann einerseits unter kausalen, andererseits unter additiven Gesichtspunkten erfolgen.

„Kausaler" Vergleich
Es wird nach Ursache und Wirkung, also dem kausalen Zusammenhang verschiedener Sachverhalte gefragt.

Beispiel: Weltkarten Jahresniederschlag (AW 110 I), Ungunst des Klimas und landwirtschaftliche Nutzung (AW 111 I), Landwirtschaftliche Betriebsformen (AW 111 II)
Die Räume unter 250 mm Jahresniederschlag werden z. B. in Nordafrika von Wüsten und Halbwüsten eingenommen. Sie sind besonders in ihren Randzonen Hauptverbreitungsgebiete des Nomadismus. Die landwirtschaftliche Nutzung ist nur mit künstlicher Bewässerung möglich (vgl. Oasen, Bewässerungsland AW 67/68).

„Additiver" Vergleich
Auf mehrere Karten aufgeteilte Informationen werden zusammengefügt, ohne daß eine Kausalbeziehung bestehen muß.

Beispiel: Weltkarten Getreide und Knollenfrüchte (AW 112 II), Zucker und Genußmittel, Erdnüsse (AW 113 III), Land- und forstwirtschaftliche Industrierohstoffe (AW 113 IV)
Die Informationen der drei Karten werden „addiert". Z. B. Australien produziert 12 Mio. t Weizen, 3,4 Mio. t Zucker und 1,2 Mio. t Wolle.

Die thematische Übersichtskarte als Ordnungsrahmen für die Einordnung von Beispielen

Eine wichtige Funktion thematischer Übersichtskarten besteht darin, daß sie einen Ordnungsrahmen für die thematische Einordnung von Fallbeispielen zur Verfügung stellen. Siehe auch S. 31.

Beispiel: thematische Beispielkarte Rheinisches Braunkohlenrevier (AW 134); thematische Übersichtskarten Die Energieversorgung Europas (AW 128), Deutschland: Energiewirtschaft (AW 129 I/II)
Mit der Beispielkarte des Rheinischen Braunkohlenreviers werden grundlegende Sachverhalte und Einsichten des Braunkohlenabbaus erarbeitet. Die Übersichtskarten ermöglichen die Einordnung der Braunkohle in die Energieversorgung Europas

und Deutschlands und zeigen ihre unterschiedliche Bedeutung für die Energiewirtschaft der Bundesrepublik und der DDR. Entsprechend kann z. B. auch der Raffineriestandort Ingolstadt (AW 126 III) anhand der obengenanten Übersichtskarten eingeordnet und in seiner Bedeutung gewertet werden.

Dem in Vorbereitung befindlichen Lehrerhandbuch entnommene *Karteninterpretationen thematischer Übersichtskarten* (S. 43) geben Hinweise und zusätzliche Informationen für die konkrete Kartenarbeit mit folgenden Karten:
Die Klimate der Erde (AW 108)
Die Versorgung der Welt mit bergbaulichen Rohstoffen (AW 130)
Die Ernährung der Menschheit (AW 170 II)

5. Thematische Beispielkarten

Die Atlasseiten VII (Suchkarten) und X bis XI (grau unterlegte Kartentitel der graphischen Übersicht) geben einen Überblick über die thematischen Beispielkarten des Alexander. Jede Beispielkarte ist ihrem Thema entsprechend individuell gestaltet. Die kartographischen Darstellungsmittel umfassen daher ein breites Spektrum: von thematisch akzentuierten geographischen Grundkarten (z. B. Transamazônica, AW 171 IV) und Stadtplänen (AW 155–165) bis zu Kartogrammen (z. B. Manufacturing Belt, AW 131 II) und dynamischen Entwicklungskarten (z. B. Berlin: Siedlungskerne und Bauperioden, AW 155 I). Die Kartenarbeit ist grundsätzlich an die Thematik der Karte gebunden. Sie kann jedoch durch thematische und geographische Zuordnung des Beispiels in sinnvoller Weise ausgeweitet werden.

Erarbeitung geographischer Begriffe und Einsichten

Ziel der Kartenarbeit ist die Erarbeitung geographischer Begriffe und Einsichten im räumlichen Zusammenhang.

Beispiel: Aletschgletscher (AW 100 IV)
Wichtige Grundbegriffe der Gletscherkunde und der Glazialmorphologie (z. B. Moränen) können geklärt und geordnet werden. Vgl. die ausführliche Interpretation der Karte auf S. 33.

Beispiel: Der Nil — Wasserführung, Niederschläge und Verdunstung (AW 114 III)
Hier steht das Flußregime des Nil als Ganzes im Blickpunkt der Kartenarbeit. Die einzelnen Fakten wie Niederschlag, Verdunstung, Wasserführung usw. ordnen sich dieser Aufgabe unter. Vgl. die ausführliche Interpretation der Karte auf S. 36.

Selektive Auswertung thematischer Beispielkarten

Auch die thematischen Beispielkarten müssen nicht immer vollständig ausgewertet werden. Oft genügt es, für den Unterricht benötigte Einzelinformationen für sich zu betrachten.

Beispiel: Küstenschutz in Schleswig-Holstein (AW 122 II)
Im Vergleich mit der Sturmflutwetterlage vom 16./17. Februar 1962 (AW 224 Va) werden nur die Auswirkungen dieser Flut erarbeitet (Hochwasserstand, Deichbrüche usw.).

Thematische und geographische Einordnung thematischer Beispielkarten

Dem Wesen des Exemplarischen entsprechend sind die thematischen Beispielkarten Konzentrationspunkte des Unterrichtes. Um sie darüber hinaus fruchtbar zu machen, bedürfen sie der Einordnung und Anwendung.

Thematische Einordnung
Die thematische Einordnung stellt die Beispielkarte in einen übergeordneten thematischen Zusammenhang, der meist in entsprechenden thematischen Übersichtskarten wiedergegeben ist.

Beispiel: Kaprun (AW 127 I): thematische Übersichtskarten Energieversorgung Europas (AW 128), Deutschland: Kraftwerke und Stromversorgung (AW 129 II)
Die Beispielkarte behandelt Kaprun exemplarisch als großes Hochdruckkraftwerk in den Alpen. Die Karte der Energieversorgung Europas ordnet es in die Wasserkraftwerke der Alpen ein, deren Zahl auf die Nutzung der Wasserkraft im Hochgebirge hinweist. In der Karte der Kraftwerke und Stromversorgung Deutschlands kann Kaprun in seiner Leistung mit der anderer

Wasser- und Wärmekraftwerke verglichen, sowie weiterführend der Anteil der Wasserkraft an der Stromversorgung der Bundesrepublik, der DDR und der Schweiz untersucht und diskutiert werden.

Geographische Einordnung
Die geographische Einordnung in den räumlichen Zusammenhang steht gleichrangig neben der thematischen Einordnung. Hierfür stehen als Hauptbezugskarten die geographischen Grundkarten zur Verfügung.

Beispiel: thematische Beispielkarten Staatliche Kolonisation an der Transamazônica / Das Projekt Altamira (AW 171 IV); geographische Grundkarte Südamerika, Nordteil (AW 88/89)
Das Projekt Altamira veranschaulicht besonders deutlich, daß eine Vielzahl von Beispielen erst durch ihre geographische Einbindung voll in Wert gesetzt wird. Im vorliegenden Fall kann die Einordnung in zwei Stufen erfolgen. Im ersten Schritt wird das Projekt Altamira (Maßstab 1 : 400 000) der staatlichen Kolonisation an der Transamazônica (Maßstab 1 : 7,5 Mio.) zugeordnet. Im zweiten Schritt werden Kolonisation und Transamazônica mit Hilfe der geographischen Grundkarte (Maßstab 1 : 15 Mio.) in den Gesamtbereich der tropischen Regenwälder, der Selvas, eingefügt. Erst dadurch wird das der Planung zugrunde liegende Anliegen der Erschließung Brasiliens deutlich. Vgl. die ausführliche Interpretation auf S. 39.

Dem in Vorbereitung befindlichen Lehrerhandbuch entnommene *Karteninterpretationen thematischer Beispielkarten* (S. 33) geben Hinweise und zusätzliche Informationen für die konkrete Kartenarbeit mit folgenden Karten:
Aletschgletscher (AW 100 IV)
Heilbad Badenweiler (AW 145 II)
Der Nil: Wasserführung, Niederschlag und Verdunstung (AW 114 III)
Kalifornien: Wasserversorgung und Bewässerung (AW 115 V)
Staatliche Kolonisation an der Transamazônica/Das Projekt Altamira (AW 171 IV)
Ölpest: Küstenverschmutzung nach einem Tankerunglück (AW 139 IV)

Interpretationen ausgewählter thematischer Beispielkarten

Aletschgletscher (AW 100 IV)

Geographische Einordnung

Kein Gebirge Europas ist so stark vergletschert wie die Alpen (AW 24/25), die einen hohen Jahresniederschlag und in den Gipfellagen auch im Sommer niedrige Temperaturen aufweisen (AW 107 I–III). Die größten Gletscher liegen in den Westalpen. Ein Zentrum der Vergletscherung sind die Berner Alpen zwischen Aare- und Rhônetal (Schweiz). Die Karte zeigt einen Ausschnitt dieses Gebietes: den Großen Aletschgletscher mit seinem Einzugsgebiet.

Karteninterpretation

Die Karte der Aletschregion bietet Informationen zur Glazialmorphologie und zum Massenhaushalt des Gletschers sowie zur Nutzung dieser hochalpinen Region durch den Menschen.

Gletscherentstehung und Gletscherbewegung. Gletschereis bildet sich in *Firngebieten* aus dem festen Niederschlag, der sich im Hochgebirge in großen, von steilen Felswänden begrenzten **Firnmulden** oder *Karen* sammelt. Auf der Karte werden diese Sammelbecken durch die Felssignaturen, die Höhenlinien (auf den Gletschern blau) und Höhenzahlen sichtbar gemacht. Das Eis des Großen Aletschgletschers, der mit rd. 87 km^2 Fläche und einer maximalen Länge von fast 25 km der größte Gletscher der Alpen ist, fließt aus einer Mehrzahl von Firnmulden zusammen. Die vier großen Teilströme sind auf der Karte deutlich zu erkennen: Großer Aletschfirn, Jungfraufirn, Ewigschneefeld, Grüneggfirn.

Wo sich Eiszuwachs und Abschmelzmenge die Waage halten, liegt die Schneegrenze, darüber das *Nährgebiet*, darunter das *Zehrgebiet*. Der Gletscher kann nur deshalb so weit in das Zehrgebiet hineinreichen, weil ständig Eis aus dem Nährgebiet nachströmt. Gleich dem Wasser folgt es dabei dem natürlichen Gefälle, wegen der größeren Reibung allerdings mit viel geringerer Fließgeschwindigkeit. Die **Fließgeschwindigkeit** hängt von den Eismassen und dem Gefälle ab und ist deshalb, wie die blauen Zahlen auf der Karte zeigen, auf den einzelnen Streckenabschnitten unterschiedlich.

Das Ende der Gletscherzunge liegt dort, wo der Eisnachschub aus dem Nährgebiet die Abschmelzrate nicht mehr ausgleichen kann. Aus dem *Gletschertor* tritt hier der Schmelzwasserbach aus. Daß es hier in rd. 1500 m Höhe bedeutend wärmer ist als in den mehr als 3000 m hoch gelegenen Firnmulden, beweist der Aletschwald, der in unmittelbarer Nähe der Gletscherzunge gedeiht.

Der Große Aletschgletscher und die meisten Alpengletscher ordnen sich dem Relief unter; sie fließen als *Talgletscher*, umgeben von Felswänden, in einer Richtung aus dem Nährgebiet ab. Ihnen stehen Gletscher gegenüber, die das Relief zudecken; aus solchen Eismassen fließen Eisströme in verschiedenen Richtungen ab. Zu dieser Gruppe gehören z. B. die *Plateaugletscher* Norwegens und Islands und das *Inlandeis* der Antarktis und Grönlands.

Der Gesteinsschutt, den die Eisströme von den angrenzenden Felswänden aufnehmen, wird in Form von **Seitenmoränen** mitgeführt. Daß sich die Zunge des Aletschgletschers aus mehreren Teilströmen zusammensetzt, erkennt man auch an den *Mittelmoränen*, die beim Zusammenfließen entstehen; sie sind auf der Karte als punktierte Linien dargestellt.

Wo im Eis Spannungen auftreten, bilden sich **Gletscherspalten**: als *Randspalten*, wo der Eisstrom durch Reibung gebremst wird, als *Querspalten*, wo im Felsuntergrund Versteilungen vorkommen.

Wasser, das seitlich auf das Gletschertal zufließt, staut sich vor dem Eis als **Eisstausee** auf, wie dies beim Märjelensee der Fall ist. Als in der Vergangenheit bei höherem Gletscherstand (vgl. unten) auch der See viel höher aufgestaut war, konnte ihn z. B. das Kalben des Gletschers zum Überlaufen bringen. Bei solchen Seeausbrüchen richteten die Wassermassen große Schäden im Rhônetal und im östlich des Sees gelegenen Fieschtal an.

Gletscherschwankungen. Die gestrichelte rote Linie auf der Karte zeigt an, daß um 1850 der Große Aletschgletscher ein gutes Stück weiter als heute talabwärts reichte. Seine maximale Ausdehnung besaß der Gletscher 1653; weitere Höchststände, von minderen Gletscherständen unterbrochen, gab es um 1770, 1820 und besonders 1850. Seit Mitte des 19. Jh. zog sich der Aletschgletscher, wie die Gletscher allenthalben, zurück. Diese Gletscherschwankungen bezeugen Klimaschwankungen. Niedrige Temperaturen (besonders im Sommer) und hohe Niederschläge fördern die Ausdehnung der Gletscher. Besonders große Gletscher geben die Klimaentwicklung allerdings mit erheblicher Zeitverzögerung weiter.
Zeitweise floß auch das Eis des Oberaletschgletschers mit dem des Großen Aletschgletschers zusammen. Erst vor wenigen Jahren riß die Verbindung des Mittelaletschgletschers zum Großen Aletschgletscher ab. Unter dem Moränenschutt, der jetzt zwischen beiden Eisströmen lagert, liegt noch *Toteis* begraben.

Die Nutzung der hochalpinen Region (vgl. hierzu auch Kaprun, AW 127 I). Die Karte zeigt in ihrer SO-Ecke einen Ausschnitt des oberen Rhônetals (Goms). Auf flach geneigten Hängen und auf Terrassen liegen *Bergbauerndörfer* (z. B. Betten, Lax). Oberhalb der Waldgrenze schließt die *Almregion* an (z. B. Bettmeralp). Zahlreiche Seilbahnen zeigen an, daß die Almregion auch als *Touristengebiet* erschlossen ist.
Die landwirtschaftliche Nutzung dieser Region macht eine *künstliche Bewässerung* der Nutzflächen erforderlich. Schon im Mittelalter leitete man zu diesem Zweck das Schmelzwasser des Gletschers auf die Felder. Heute wird das Gletscherwasser im *Gibidum-Stausee* aufgefangen.
Selbst die Welt von Eis und Fels hat sich der Mensch zugänglich gemacht, wie die zahlreichen *Hütten* in der Gletscherregion belegen. Mit der *Jungfraubahn*, deren Trasse am Nordrand der Karte zu erkennen ist, kann man ganzjährig von Norden (Interlaken) her zum Berghaus auf dem Jungfraujoch gelangen. Die Bahn wurde 1912 fertiggestellt; sie transportiert jährlich rd. 350 000 Touristen und ermöglicht auch die Unterhaltung einer *Forschungsstation* auf dem Jungfraujoch.

Heilbad Badenweiler (AW 145 II)

Geographische Einordnung

Badenweiler liegt in waldreicher Umgebung in der *Vorhügelzone* zwischen Oberrheingraben und Schwarzwald, südlich von Freiburg im Markgräfler Land (vgl. AW 18/19 oder Länderkarte Baden-Württemberg), dessen Name daran erinnert, daß das Gebiet zwischen Müllheim und Lörrach lange (1503–1919) zur Herrschaft der Markgrafen und späteren Großherzöge von Baden gehörte. Die Vorhügel um Badenweiler bestehen aus einem Mosaik von Schollen aus Muschelkalk, Keuper und Jurakalken, die teilweise mit Löß überdeckt sind. An den Hängen wird Weinbau („Markgräfler") betrieben.
Das gesamte Oberrheingebiet ist eine geologisch *unruhige Zone.* Der Schwarzwald hebt sich wahrscheinlich heute noch, der Rheingraben sinkt südlich Breisach um 2 mm im Jahr ab. Gebirge und Rheinebene trennt eine tiefgreifende *Verwerfung* (vgl. AW 105), die sich vor rd. 50 Mio. Jahren im Tertiär gebildet hat. An dieser Bruchlinie liegen mehrere Thermalbäder: Bad Krozingen, Badenweiler, Bad Bellingen.

Karteninterpretation

Die Thermalquelle von Badenweiler wird seit langem genutzt. Im Kurpark liegen die Reste des *Römerbades,* das wahrscheinlich unter Vespasian (69–79 n. Chr.) errichtet wurde und vier Becken umfaßte. Im Spätmittelalter wurde in „Badenweyler" ein bescheidener Badebetrieb in einigen „Baadwirtshäusern" unterhalten. Der eigentliche Kurbetrieb entwickelte sich im 18./19. Jh., als Badereisen in Mode kamen (1853 erstes Kurhaus, 1875 Badehaus mit offenem Thermalschwimmbad, 1908 Markgrafenbad).

Den Aufschwung, den der Kurort in unserer Zeit — unterbrochen durch den letzten Krieg — genommen hat, dokumentiert die Entwicklung der Gästezahlen in den letzten 50 Jahren:

1930	12 523 Gäste	1960	48 273 Gäste
1938	22 076 Gäste	1970	45 824 Gäste
1949	14 128 Gäste	1980	51 630 Gäste
1950	20 874 Gäste		

Die öffentlichen **Kureinrichtungen** liegen dicht beieinander am Südrand des Kurparkes. Kernstück ist noch heute das mehrfach umgebaute und erweiterte **Markgrafenbad.** Es umfaßt die Kurmittelhäuser I und II, wo u. a. Thermalübungsbäder (Bewegungstherapie), Wannenbäder und Massageräume untergebracht sind. 1981 wurde das neue Thermalbewegungsbad mit Innenbecken (32° C) und Außenbecken (28° C) eröffnet. Außerhalb des Kurparkes liegt nahe der Hauptthermalquelle das *Inhalatorium.* Zur Entlastung des Markgrafenbades wurde vor allem für Tagesbesucher und für die Jugend 1980 im Ortsteil Oberweiler das *Thermalsportbad* eröffnet. Versorgt werden die Bäder in erster Linie von der artesisch austretenden **Römerquelle** (Hauptthermalquelle), die bei einer Schüttung von 11–16 l/s im Durchschnitt täglich 1,2 Mio. l mit 26,4° C liefert. Seit 1965 wird aus einer Tiefenbohrung eine weitere Mio. l Thermalwasser gefördert. Außerdem wurde 1954 in *Steinenstadt* bei Badenweiler eine Thermalquelle (32,7° C) erschlossen, deren stark mineralhaltiges Wasser u. a. für Trinkkuren im Kurhaus verwendet wird.

Bei den zusätzlichen **Einrichtungen zur Erholung und Unterhaltung** sind in erster Linie Kurhaus, Kurpark und Schloßpark zu nennen. Das 1969–72 erbaute **Kurhaus,** das an Kureinrichtungen nur die Trinkkuranlage enthält, umfaßt auf drei Ebenen neben Restaurant und Café einen Theatersaal, einen kleineren Vortragssaal sowie Lese- und Schreibräume. Es liegt eingebettet in den 1850 nach dem Vorbild einer englischen Parklandschaft gestalteten **Kurpark** mit den Ruinen des Römerbades und der Zähringerburg; zusammen mit dem anschließenden **Schloßpark** steht hier ein 16 ha großes, von Promenadenwegen durchzogenes Parkgelände zur Verfügung. Auch der zum Blauen hinaufziehende *Pfarrwald* bietet sich für Spaziergänge an. Außerdem sind in der Karte Klein- und Minigolfanlagen sowie sechs Tennisplätze (südlich vom unteren Kartenrand) eingetragen.

Im Bereich der **Beherbergung** ist mit dem wachsenden Zustrom von Kurgästen (vgl. oben) die Zahl der Betriebe in den letzten Jahrzehnten stark angestiegen. Sie erstrecken sich heute auch entlang der Verbindungsstraßen bis in die umliegenden Ortsteile, von denen Oberweiler im Kartenausschnitt erfaßt ist.

1980 standen insgesamt 4813 Betten zur Verfügung, die sich wie folgt verteilten:

Sanatorien/Kurheime	846
Hotels/Gasthöfe	981
Hotels garni	475
Pensionen	372
Fremdenheime	1082
Appartements	457
Privatzimmer	600

Die Hotels verfügen teilweise über ein eigenes Thermalschwimmbad, die Sanatorien über weitere Kureinrichtungen (Massagen, Krankengymnastik usw.) mit ärztlicher Betreuung.

Die 3500 Einwohner zählende Gesamtgemeinde Badenweiler ist in **Kurbezirke** eingeteilt, für die, je nach der Nähe zu den Kureinrichtungen, unterschiedliche *Kurtaxen* erhoben werden.

Der Kurbezirk I umfaßt den Bereich in der Nähe von Markgrafenbad und Kurpark. Gebäude im Stil der Gründerjahre prägen

noch heute das Bild dieses klassischen Kurortes des „gehobenen Bürgertums“ um die Jahrhundertwende. Der Kartenausschnitt erfaßt vor allem diesen Kurbezirk. Der Kurbezirk II umfaßt den Ortsteil Oberweiler mit dem Thermalsportbad.
Die übrigen drei Kurbezirke sind im Kartenausschnitt nicht dargestellt.
Verkehrsbeschränkungen im Ortskern dienen dem Schutz gegen Lärmbelastung, aber auch der Reinhaltung der Luft im Ortsinneren. Während der Hauptkurzeit (März—Okt.) dürfen dort nur Fahrzeuge der Einwohner und Kurgäste verkehren. Für die Zeit der Mittags- und Nachtruhe (13.30—14.30 und 24.00—6.30) bestehen generelle Fahrverbote. Für Tages- und Wochenendbesucher wurden große *Parkplätze* am Rande des Kurbezirkes angelegt. Auch der *Busbahnhof* liegt außerhalb des Ortskernes.

Der Nil: Wasserführung, Niederschlag und Verdunstung (AW 114 III)

Darstellung

Die für das Thema wichtigen Sachverhalte sind durch vier Darstellungselemente ausgewiesen. Flächenfarben kennzeichnen den *Jahresniederschlag* in dem durch den Kartenausschnitt erfaßten Raum. Er sinkt von Süden nach Norden rapide ab und liegt in Ägypten unter 20 mm im Jahr. Den hiermit angedeuteten klimatischen Bedingungen entspricht das durch blau/rote Säulenpaare dargestellte Verhältnis von *Niederschlag und Verdunstung*.
Die den Nil und seine Zuflüsse säumenden Farbbänder weisen den *mittleren Jahresabfluß* aus. Diese Aussage wird differenziert durch zugeordnete Säulendiagramme, die den *Wasserabfluß im Jahresablauf* veranschaulichen. Hierdurch wird deutlich, daß das im Aug./Sept. einsetzende Hochwasser des Nil („Nilschwelle“) fast ausschließlich auf den Abfluß des Blauen Nil zurückzuführen ist (vgl. unten). Das zeigt auch das Säulendiagramm des Nil bei Assuan, in dem die den Zuflüssen entsprechenden Farben deren Anteile am monatlichen Abfluß ausweisen.

Geographische Einordnung

Die Stromoase des Nil und dessen Wasserführung sind seit Jahrtausenden unlösbar mit dem Leben Ägyptens verknüpft. In der geographischen Grundkarte von Nordafrika und Vorderasien (AW 67/68) wird die überragende Bedeutung des Stromes für die Menschen in diesem wüstenhaften Trockenraum sichtbar.

Als **Fremdlingsfluß** mit nur einem Zufluß, dem Atbara, 200 km unterhalb Khartum, überwindet der Nil die rd. 1800 km lange Strecke durch die Wüste bis zum Mittelmeer, wo er zu einem breiten Delta auffächert (AW 71 I). Seinen Lauf säumt ein (in Oberägypten) 5 bis 20 km breites Band *bewässerten Landes*, das sich im Kartenbild deutlich von der unmittelbar angrenzenden Wüste absetzt. Von der Staatsfläche Ägyptens (rd. 1 Mio. km²) sind nur 3 % Kulturland, das fast ausschließlich im Niltal und -delta liegt. Dies ist der Lebensraum der Bevölkerung, die sich heute zu 44 % in den Großstädten zusammendrängt. Von den rd. 40 Mio. Einwohnern des Landes leben nur etwa 200 000 Menschen außerhalb des Bewässerungslandes.

Karteninterpretation

Die Darstellung der geographischen Grundkarte wird durch die gleichmaßstäbige thematische Karte des Nils ergänzt und vertieft. Innerhalb Ägyptens und im trokkenen Teil des Sudan erhält der Nil keine Zuflüsse. Sein Wasser stammt einerseits vom Weißen Nil, andererseits vom Blauen Nil und weiteren Zuflüssen des äthiopischen Hochlandes. Der **Weiße Nil** weist als tropischer Fluß eine relativ gleichmäßige Wasserführung auf. Im Sudd verdunstet allerdings fast die Hälfte seines Wassers. Der **Blaue Nil** dagegen schwillt dank der Steigungsregen im äthiopischen Hochland im August und September rapide an, sein mit Schwemmstoffen beladenes Was-

ser hat dann bei Khartum das fünffache Volumen des Weißen Nils, der dadurch einen Rückstau erfährt.
Vor der Errichtung von Staudämmen war das Niltal im Sommer etwa drei Monate überschwemmt. Im folgenden halben Jahr wurden die durch abgelagerte Schwemmstoffe gedüngten Felder bestellt und abgeerntet. Hieran schloß sich mit zunehmender Trockenheit eine etwa dreimonatige Brachzeit an.
Der erste, 1902 erbaute und bis 1933 auf 50 m Höhe aufgestockte **Assuandamm** gestattete bei 230 km Staulänge die Speicherung von rd. 5 Mrd. m³ Wasser. Hierbei wurde die mit Schwemmstoffen beladene Hochflutwelle des Blauen Nil nicht genutzt, um eine Verschlammung des Stausees zu verhindern; erst die sich anschließende Flut des Weißen Nils wurde aufgefangen. Dies ermöglichte eine ganzjährige *Dauerbewässerung* der Felder und damit auch mehrere Ernten pro Jahr.
Die Ernährungsprobleme der rapide anwachsenden Bevölkerung konnten hierdurch freilich nicht gelöst werden. Während zwischen 1900 und 1965 die Anbaufläche um rd. 25 %, die Erntefläche um 50 % vergrößert werden konnte, stieg die Bevölkerung im gleichen Zeitraum um das Dreifache: Die Erntefläche pro Einwohner verringert sich also um die Hälfte (vgl. die Entwicklung der Weltbevölkerung, AW 147 I).
Hinzu kommt, daß die zur Verfügung stehende Wassermenge starken *jährlichen Schwankungen* unterliegt (ca. 40 Mrd. m³ in trockenen, über 150 Mrd. m³ in feuchten Jahren). Bei einem Verbrauch von über 50 Mrd. m³ im Jahr konnte das bisherige Speichervolumen eine Dauerbewässerung in trockenen Jahren nicht gewährleisten.
Der Bau des 1960–1970 errichteten **Assuanhochdammes** (Sadd el Ali) war daher eine zwingende Notwendigkeit. Durch den 111 m hohen Damm wird die Staulänge auf 500 km, das Stauvolumen auf 130 Mrd. m³ erweitert. Die unmittelbaren *Vorteile* sind:

1. Sicherung der ganzjährigen Bewässerung auch in trockenen Jahren.
2. Erweiterung der Anbaufläche um rd. 30 %.
3. Schutz des Bewässerungssystems vor Hochflutschäden.
4. Errichtung eines Großkraftwerkes am Hochdamm (Jahresleistung: 4,35 Mrd. kwh). Es liefert die Energie, u. a. um das Wasser in höher gelegene Talbereiche zu pumpen (im eigentlichen Niltal steht kein bewässerbares Land mehr zur Verfügung) sowie für Düngemittelfabriken und andere Industrievorhaben, versorgt aber auch Kairo mit Strom.
5. Verbesserung der Nilschiffahrt unterhalb des Dammes durch gleichmäßige Wasserführung. Die Versorgung der Hochöfen von Heluan mit Eisenerz wird hierdurch gesichert.

Den offensichtlichen Vorteilen stehen jedoch auch *Nachteile* gegenüber:

1. Der fruchtbare Nilschlamm gelangt unterhalb von Assuan nicht mehr auf die Felder, sondern lagert sich im Stausee (vgl. Karte) ab. Die erforderliche Kunstdüngung ist teuer und fördert die Versalzung. Besonders das Nildelta ist hiervon betroffen, da die ausbleibende Hochflut die Salze nicht mehr ins Meer spült.
2. Der Fischfang vor der Küste ist wegen der fehlenden Nährstoffe stark zurückgegangen.
3. Das Nildelta wird wegen des fehlenden Schwemmaterials nicht mehr auf- sondern abgebaut.

Kalifornien: Wasserversorgung und Bewässerung (AW 115 V)

Geographische Einordnung
Einen anschaulichen Überblick über den Bundesstaat Kalifornien vermittelt die geographische Grundkarte der Vereinigten Staaten (AW 82/83): im Norden zwei parallel zur Küste verlaufende Gebirgszüge, die Küstenkette und die hoch aufragende und dicht bewaldete Sierra Nevada, zwischen denen das agrarisch intensiv genutzte kalifornische Längstal eingelagert ist; im Süden der Übergang zur Halbwüste und Wüste mit dem oasenhaften Imperialtal. Als große städtische Ballungszentren mit vielfältiger Industrie treten San Francisco und Los Angeles hervor.
Westlich der Sierra Nevada weist Kalifornien als einziges Gebiet der USA *mediterranes Klima* auf (vgl. AW 108), das mit seinen warmen und regenarmen Sommern einen hohen Freizeitwert besitzt. Der „Sonnenstaat" Kalifornien übt daher eine starke Anziehungskraft auf die Bewohner der übrigen Gebiete der USA aus und wurde allmählich der *volkreichste Bundesstaat* (1978 22 Mio. Einw.); 1940 lag er mit 7 Mio. Einw. noch an fünfter Stelle.

Karteninterpretation
Für die Versorgung der wachsenden Bevölkerung und ihrer Wirtschaft stehen durchaus ausreichende **natürliche Wasservorkommen** zur Verfügung: *hohe Niederschläge im Gebirge* (vgl. Diagramm Downieville) und die sich als Wasserspeicher erweisende langdauernde *Schneedecke* im Hochgebirge der Sierra Nevada, die zahlreiche *Flüsse* speisen. Hauptwasserspender ist der *Sacramento*; seine mittlere Wasserführung ist etwa vergleichbar mit der Elbe und liegt gut dreimal so hoch wie die des *San Joaquin*. Die räumliche (und auch zeitliche) Verteilung dieser Wasservorkommen machte jedoch aufwendige Einrichtungen erforderlich.
Das im Regenschatten der Küstenkette liegende kalifornische Längstal weist nicht nur einen niedrigen Jahresniederschlag, sondern auch im Winter nur geringe Niederschläge auf. Sofern der Jahresniederschlag mindestens 250 mm beträgt, kann die mediterrane **Landwirtschaft** einen Getreideanbau ohne Bewässerung, allerdings mit geringen Erträgen, betreiben. Selbst dies ist in der subtropischen Tropenzone, zu der der Süden des Längstales bereits gehört, nicht möglich (vgl. Diagramm Bakersfield). Produkte wie Zitrusfrüchte, Obst, Gemüse, Reis, Baumwolle, die im 700 km langen Talboden mit sehr hohen Erträgen angebaut werden (vgl. AW 82), sind dort in hohem Maße auf **künstliche Bewässerung** aus Flüssen und dem Grundwasser angewiesen.
1. Schon um 1910 wurde im Südbecken durch zahlreiche *örtliche Bewässerungskanäle*, die man von den Flüssen abzweigte, knapp die Hälfte der Fläche landwirtschaftlich genutzt. Nach und nach bauten verschiedene Behörden an den meisten der kleinen Gebirgsflüsse *Stauseen*, die das Wasser gleichmäßiger über das Jahr verteilen helfen.
2. Nach dem Zweiten Weltkrieg wurde das **Central Valley Authority Project** der amerikanischen Bundesregierung verwirklicht. Wichtigstes Ziel war die Bewässerung des gesamten Südbeckens. Im San-Joaquin-Gebiet wurde dies 1951 durch den **Delta-Mendota-Kanal** erreicht; er erhält sein Wasser aus dem Sacramento durch einen Überleitungskanal, der das Deltagebiet beider Flüsse von Nord nach Süd überquert. Der Anfang des Delta-Mendota-Kanals mußte relativ hoch am Hang liegen und die Wassermassen mittels eines Pumpwerks 60 m hoch gehoben werden, um ein Gefälle nach Süden zu erreichen (entgegengesetzt dem Talgefälle). Die jahreszeitliche Abflußregulierung des Sacramento (Rückhalt bei Hochwasser, Zuschuß bei Dürre) wird vom größten Stausee Kaliforniens, dem *Shasta Lake* geleistet. Für den südlichsten Beckenabschnitt entstand 1949 der *Friant-Kern-Kanal*, der aus dem oberen San Joaquin mit dem Stausee des Friant-Dammes gespeist wird.

Zur ständig stärker beanspruchten **Wasserversorgung der beiden städtischen Bal-**

lungsräume reichte das örtliche Grundwasser schon früher nicht mehr aus.

1. *San Francisco* baute um 1930 in der Sierra an den Flüssen Mokelumne und Hetch Hetchy Trinkwasserstauseen mit zwei gleichnamigen Wasserleitungen.

2. *Los Angeles* beschaffte sein Zusatzwasser durch drei Fernleitungen: Los Angeles Aquädukt (1913) aus Talsperren des Owens-Tales, Colorado River Aquädukt (1941; 400 km lang; vgl. AW 82) aus dem Parker-Stausee und, als diese nicht mehr ausreichten, seit 1972 auch durch den California Aquädukt.

Die letztgenannte größte Wasserfernleitung der Welt gehört zum **State Water Project** des Staates Kalifornien. Als Hauptwasserlieferant wurde der nordkalifornische *Oroville-See* am Feather River durch den Bau des höchsten Erddammes der USA aufgestaut (235 m). Das Wasser gelangt über den Sacramento und ein eigenes Pumpwerk (74 m Hubhöhe) in den **California Aquädukt.** Dieser mußte zur Erreichung des benötigten Südgefälles auf sehr langer Strecke — entgegengesetzt zum Landgefälle — relativ hoch am Hang geführt werden. Am Südende des Längstales wird das Tehachapi-Gebirge mittels des Pumpwerkes Edmonston (gigantische Hubhöhe von 600 m) und eines Tunnels in rund 1000 m Höhe überwunden. Dieses Pumpwerk verbraucht für seine 14 Pumpen an ebensoviel Steigrohren so viel elektrischen Strom wie eine Millionenstadt.

Der California Aquädukt deckt inzwischen den Hauptteil des Wasserbedarfs der *Städtezone zwischen Los Angeles und San Diego* (12 Mio. Menschen) und liefert darüber hinaus große Mengen *Bewässerungswasser* in das südliche Längstal.

Staatliche Kolonisation an der Transamazônica – Das Projekt Altamira (AW 171 IV a/b)

Geographische Einordnung

Brasilien umfaßt eine Fläche von rd. 8,5 Mio. km^2 (über 34mal so groß wie die Bundesrepublik Deutschland). Ein großer Teil hiervon entfällt auf unwirtliche Regionen, wie die geographischen Grundkarten von Südamerika (AW 87–90) deutlich vor Augen führen: Rund die Hälfte des Landes nimmt das feuchtheiße *Amazonastiefland,* das größte tropische Waldgebiet der Erde, ein; im Nordosten erstreckt sich ein weites Gebiet *trokkener Savanne* (vgl. auch AW 110 I: Jahresniederschlag der Erde). Nur z. T. schmale *Küstengebiete* im Osten und Süden bieten gute Voraussetzungen für menschliches Siedeln und Wirtschaften.

Diese Naturausstattung erklärt die starke Konzentration der Bevölkerung und Wirtschaft auf die Küstengebiete. Vor allem die Großstädte leiden unter dem großen Bevölkerungsdruck, während die riesigen Räume des Landesinnern weitgehend menschenleer sind (vgl. AW 146).

Um dieser ungesunden Bevölkerungsverteilung und Wirtschaftsstruktur entgegenzuwirken, wurden seit 1945 verschiedene **Entwicklungsprojekte** entworfen. So wurde z. B. Mitte der 50er Jahre *Brasília* als neue Hauptstadt (AW 165 IV) aus dem Boden gestampft, um im Landesinnern einen Entwicklungsimpuls zu geben.

1966 verkündete die brasilianische Militärregierung die *„Operation Amazonien"*, die die Integration des tropischen Regenwaldes Amazoniens in das Gesamtwirtschaftssystem Brasiliens zur nationalen Aufgabe erklärte. Nach einer katastrophalen Trockenheit und Hungersnot im Nordosten des Landes, von der Hunderttausende von Kleinbauern- und Landarbeiterfamilien im dichtbesiedelten Gebiet um Recife und Rio Grande do Norte betroffen waren, beschloß die Regierung 1970 das *„Programm der Nationalen Integration der nordöstlichen Notstandsgebiete"* mit dem Ziel der Besiedlung und wirtschaftlichen Erschließung des Amazonasgebietes. Dieses Programm stellte einerseits eine Soforthilfe dar, andererseits konnte

auf diese Weise eine dringend erforderliche Agrarreform umgangen bzw. hinausgeschoben werden.
Frühere, vorwiegend auf Industrialisierung ausgerichtete — doch zumeist fehlgeschlagene — Entwicklungsprogramme, sollten nun durch ein auf die Landwirtschaft konzentriertes Kolonisationsprogramm abgelöst werden, in dessen Vordergrund der Bau der Ost-West-Straße (Transamazônica) mit der entlang dieser Straße geplanten Agrarkolonisation stand. Im Laufe der ersten zehn Jahre sollten rd. 1 Mio. Familien in Amazonien angesiedelt werden, wobei 75 % aus den trockenheitsgeschädigten Sertão-Gebieten Nordost-Brasiliens (Nordestinos) kommen sollten. Aus den Südstaaten sollten weitere 25 % kommen, von denen man sich aufgrund einer fortschrittlicheren Landwirtschaft gewisse innovatorische Impulse erhoffte.
Diese ehrgeizigen Pläne wurden überstürzt und trotz vielfacher Warnungen von Wissenschaftlern hinsichtlich der nährstoffarmen und schnell erschöpften Böden des tropischen Regenwaldes in Angriff genommen.

Karteninterpretation
Die Karte IV a zeigt einen Streckenabschnitt der 1970 begonnenen **Transamazônica** (s. AW 88/89), die das östliche bevölkerungsreiche Brasilien (Recife/João Pessoa) durch das weitgehend menschenleere und siedlungsfeindliche Gebiet Amazoniens mit den westlichen Landesteilen verbindet.
In ihrem Verlauf durchquert die Transamazônica überwiegend das riesige Gebiet des *tropischen Regenwaldes* (Terra firme), das durch meist saure Böden mit dünner Humusdecke gekennzeichnet ist. Bei Rodung des Waldes veröden diese Böden schon nach wenigen Jahren aufgrund verstärkter Erosion und damit verbundener Nährstoffauswaschung und Ausschlämmung. Nur in kleinen Teilen des Amazonasgebietes quert die Straße die Strömungsbereiche des südlichen Amazonas-Zuflüsse mit periodisch überschwemmtem Land (Várcea). Dieses durch fruchtbare Alluvialböden begünstigte Gebiet macht allerdings nur etwa 1,5 % der Gesamtfläche Amazoniens aus.

Das **Siedlungsprojekt Altamira,** von dem die Karte IVb eine Ausschnitt-Vergrößerung zeigt, befindet sich westlich einer solchen Várcea-Zone. Auffallend ist zunächst die gleichmäßige **Streifenflur,** mit Parzellen von je 100 ha, die im Bereich der Transamazônica mit einer Straßenfront von 400 m und einer Tiefe von 2,5 km senkrecht auf die Straße zulaufen. Zusätzlich wurden in Altamira und anderen Hauptsiedlungsgebieten alle 5 km Nebenstraßen angelegt, an die sich wiederum senkrecht zulaufende 100 ha-Parzellen anschließen, die 500 m×2 km groß sind. Das gesamte Siedlungsareal erstreckt sich beiderseits der Transamazônica mit einer Breite von 10–12 km. Die streng schematisch vermessenen Parzellen lassen das Relief völlig unberücksichtigt, so daß es aufgrund der z. T. starken Hangneigung vielfach zu Erosionsschäden kam.
Eingelagert in das System von Parzellen sind die **Agrovilas** (Bauernsiedlungen, orange), die den Wohnort für ursprünglich 48–64 Familien darstellen und im Endausbau 100–300 Familien aufnehmen sollten. Sie sind mit einfachen zentralen Einrichtungen (Grundschule, Krankenstation, Kaufladen usw.) versehen. Namen wie „Nova Fronteira" (neue Grenze) oder „Grande Esperanca" (Große Hoffnung) spiegeln die hohen Erwartungen wider.
Die geplante Entfernung vom Wohnort (Agrovila) zur Landparzelle sollte maximal 5 km betragen, in der Realität waren es jedoch bis zu 15 km! Die aufgegebenen Agrovilas (grau) zeigen u. a., daß solche Entfernungen für die mit keinerlei Transportmitteln ausgestatteten Siedler zu groß waren.
Nächst größere Siedlungseinheit ist die **Agrópolis** (rot), die Verwaltungszentrum für 8–12 Agrovilas in einer mittleren Entfernung von 7–10 km sein und über zentrale Einrichtungen wie Post, Polizei, Sekundarschule, Krankenhaus, größere Geschäfte und Lager verfügen sollte. Die Größe war auf 300–600 Familien konzipiert. Wie die Karte IVb jedoch deutlich

zeigt, hat die Agrópolis Brasil Novo einen etwa doppelt so großen Einzugsbereich mit mindestens doppelt so vielen Agrovilas wie geplant. Oberste Stufe dieses Systems zentraler Siedlungen ist die **Rurópolis** (IV a), die im Abstand von 140 bis 280 km als Regionalzentrum für ca. 20 000 Einwohner mit den wichtigsten Verwaltungsstellen, Gymnasien, Kinos, Krankenhäusern, Spezialgeschäften usw. vorgesehen war.

Das weitgehende **Scheitern des Kolonisationsprojektes** deuten der große Anteil *nicht verkauften Landes* (IV b, grün) und die *aufgegebenen Agrovilas* (IV b, grau) an. Gründe hierfür waren in erster Linie:

- Schlechte Gesamtorganisation und z. T. chaotische Verhältnisse aufgrund einer Welle spontaner Zuwanderung
- vorwiegend landwirtschaftlich unerfahrene Siedler
- Mißernten infolge mangelhaften Saatgutes
- Erschöpfung des Bodens schon nach 2–3 Jahren
- Hangerosion als Folge schematisch vermessener Parzellen
- schlechte Erreichbarkeit der Parzellen
- weite Verbreitung tropischer Infektionskrankheiten wegen unzureichender Prophylaxe (u. a. Malaria).

Nachdem die kleinbäuerlichen Siedlungen im tropischen Regenwald nicht den erhofften Erfolg brachten, ist man neuerdings dazu übergegangen, die Erschließung Amazoniens schwerpunktmäßig privaten Investoren mit Mittel- und Großbetrieben (bis zu 72 000 ha) zu überlassen.

Ölpest: Küstenverschmutzung nach einem Tankerunglück (AW 139 IV)

Geogaphische Einordnung

Tankerunglücke mit oft katastrophalen Folgen der Meeresverschmutzung durch Öl ereignen sich fast ausnahmslos in *küstennahen Teilen* der Fahrtstrecke mit ihren Untiefen (Sandbänke, Riffe) und häufigen Schiffsbegegnungen.

Karte 125 I zeigt das westliche Europa als Weltschwerpunkt der Erdölimporte, Karte 125 II veranschaulicht die Bedeutung der *Haupttankerroute* Persischer Golf — Westeuropa, in deren Bereich unser Kartenausschnitt liegt; die wichtigsten Zielhäfen sind aus Karte 128 erkenntlich und durch Raffinerie-Signaturen noch hervorgehoben. Allein in diesem Gebiet waren zwischen 1967 und 1980 fünf schwere Tankerunfälle zu verzeichnen.

Karteninterpretation

Der Supertanker **Torrey Canyon,** auf der Fahrt von Kuwait nach dem britischen Ölhafen Milford Haven (vgl. AW 128), beladen mit 120 000 t Erdöl, lief am 18. 3. 1967 auf das „gefährlichste Riff der christlichen Seefahrt" zwischen den Scilly-Inseln und der Südwestspitze Englands auf. Es war der erste große Unfall der Tankerschiffahrt, dessen Verlauf und Auswirkungen durch Forschungsinstitute eingehend untersucht worden sind.

Die gesamteÖlladung lief in vier Portionen aus den beschädigten Tanks des langsam auseinanderbrechenden Schiffes aus. Die Karte gibt in Verbindung mit der Tabelle — verdeutlicht durch vier Farben — Auskunft über die betreffenden *Ölmengen,* die im Laufe der Zeit wechselnden *Windrichtungen,* die dadurch bewirkten unterschiedlichen *Wege der Ölteppiche* über das Meer sowie die *betroffenen Küstenabschnitte.*

Die **Auswirkungen** bekamen die **Küsten von Cornwall** zuerst zu spüren, wo die Ölschicht auf einer Strecke von insgesamt 150 km Länge angeschwemmt wurde. Betroffen waren außer den Meereslebewesen auch die Strände mehrerer bedeutender Badeorte. Die Cornische Riviera mit den Seebädern Newquay, St. Ives, Penzance ist wegen ihres milden Klimas eines der wichtigsten britischen Urlaubsgebiete.

Die **Nordküste der Bretagne** hatte die schwersten Schäden zu verzeichnen. Sie wurde von der zuerst ausgelaufenen Ölmenge nach rund drei Wochen erreicht, nachdem der Wind — normalerweise aus Westen wehend — auf Nordost gedreht hatte. 20 000 t schwarzes Erdöl verteilten sich auf rund 90 km Küstenlänge. Durch das Öl selbst gingen vor allem Meeresvögel zugrunde, während Algen, Muscheln, Austern und Hummer mehr durch die zur Strandreinigung versprühten Detergentien (waschaktive Stoffe) geschädigt wurden. Jahrelang hatten die bretonischen Küstenfischer, die rund 200 Algenfischer — der Tang wird als Düngemittel- sowie in der Arzneimittel- und Kosmetikindustrie verwendet — und die Austern- und Miesmuschelzüchter starke Verdiensteinbußen zu erleiden. Auch der Tourismus ließ nach, nicht nur in den ölbetroffenen Seebädern wie Perros-Guirec.

Die **westbretonische Küste** wurde nur wenig — und erst nach zwei Monaten — in Mitleidenschaft gezogen, da die Hauptmasse des Öls auf dem langen Weg abgesunken bzw. verdunstet war.

Weitere Tankerunfälle, die zur erneuten Verschmutzung der Bretagne-Küste führten, sind der Karte entnehmbar. Am folgenschwersten erwies sich die Strandung der *Amoco Cadiz:* 234 000 t Öl verseuchten 400 km Strandlänge.

Als **Hauptursachen der Tankerunfälle** sind zwei Entwicklungen besonders hervorzuheben. Zum einen ist es die **Größe der Tanker.** Seit dem Ölboom der 60er Jahre wurden immer größere Supertanker gebaut, da mit zunehmenden Ladevolumen die Treibstoffkosten anteilig sinken. Waren 1960 noch 50 000-Tonner üblich — für die der Suezkanal gerade ausreichte —, so liefen Anfang der 70er Jahre schon einige 500 000-Tonner vom Stapel. Bei Kolossen dieser Größenordnung ist jedoch die Manövrierbarkeit auf Grund ihrer sehr langsamen Reaktion stark eingeschränkt. Katastrophale Folgen kann das in Gefahrensituationen haben, wie sie besonders beim Abweichen von den vorgeschriebenen sicheren, aber oft Umwege und somit längere Fahrzeit erfordernden Routen mit genügender Wassertiefe eintreten. Der Schiffbruch der Torrey Canyon ist hierfür ein Beispiel.

Zum anderen trifft die Hauptschuld die **Reedereien und Billigflaggen:** Ein Drittel aller 4300 Tanker ist von den meist amerikanischen und griechischen Reedereien in den „Panlibhonco"-Ländern registriert (Panama, Liberia, Honduras, Costa Rica). Diese Länder verlangen nur geringe Steuern und führen auch keine Tauglichkeitskontrollen der Schiffe durch. Die Folgen sind schlechte Wartung und dadurch bedingte Maschinenschäden. Letztere waren die Ursache für die Manövrierunfähigkeit bei den Unfällen der Amoco Cadiz und der Olympic Bravery (bei der Amoco Cadiz fehlte in der Reservesteuerungsanlage lediglich ein Umschaltventil im Wert von DM 18,—).

Eine *internationale Kontrolle* ist bei der Schiffahrt im Gegensatz zum streng kontrollierten Luftverkehr schwer durchzusetzen. Die Konvention zur Verhütung der Meeresverschmutzung durch Schiffe wurde zwar 1973 in London unterzeichnet, war aber 1981 noch immer nicht in Kraft getreten.

Die **Verschmutzung der Meere** mit jährlich mindestens 7 Mio. t Öl beruht allerdings nur zum kleineren Teil auf *Tankerunfällen* und Schäden an *Offshore-Bohrinseln* (zusammen ca. 1 Mio. t). Dabei war die bisher größte Ölkatastrophe das Auslaufen von fast einer halben Million Tonnen Erdöl aus einer Bohrung vor der mexikanischen Küste (1979/80).

Hauptursachen sind vielmehr zum einen das ständige *Ablassen von Ölrückständen der Schiffe* auf hoher See, und zwar sowohl aus der Ladetankreinigung der Ölschiffe als auch aus dem Bilgenwasser der Schiffe aller Art (Ballastwasser mit Dieselölresten aus dem Maschinenraum); zum anderen die *Verschmutzung vom Festland,* d. h. Ölabfälle über die Flüsse und Ölverschüttungen aus den Küstenraffinierien. Man schätzt, daß diese beiden Hauptgruppen mit je 3 Mio. t/Jahr an der Ölverschmutzung der Meere beteiligt sind.

Interpretationen ausgewählter thematischer Übersichtskarten

Die Klimate der Erde: Klimazonen und Klimadiagramme (AW 108)

Karteninterpretation

Die fünf **Klimazonen,** die auf der Karte unterschieden werden, sind ungefähr parallel zu den Breitenkreisen angeordnet. Wie ein Vergleich mit den Karten AW 110 I–III zeigt, weisen auch die Klimaelemente eine zonale Anordnung auf. Diese Übereinstimmung läßt erkennen, daß die Klimazonen der Erde durch Klimaelemente und ihr Zusammenwirken bestimmt werden.

Ursache für die zonale Anordnung vieler klimatischer Erscheinungen ist die durch Gestalt und Bewegung der Erde bedingte Verteilung der *Globalstrahlung,* auf die auch die allgemeine *Zirkulation der Atmosphäre* zurückzuführen ist. Bestandteile dieser Zirkulation sind die Westwinde, die Passate und die Innertropische Konvergenz (vgl. AW 66 II–III).

Wie die Karte zeigt, bilden die **Westwinde** zwei Zonen, die die Erde etwa zwischen dem 60. und dem 40. Breitenkreis nördlich und südlich des Äquators umgeben. Sie und die mit ihnen in Zusammenhang stehenden Tiefdruckgebiete bestimmen in der gemäßigten Zone den Gegensatz zwischen ozeanischem und kontinentalem Klima (vgl. Klimadiagramme Cork und Aralsk) und sind eine der Ursachen für die unterschiedliche Ausprägung des Klimas an der West- und Ostküste der Kontinente (vgl. feuchtes Hochgebirgsklima an der Westküste Eurasiens in Skandinavien und trockenes Hochgebirgsklima an der Ostküste).

Die **Passate** sind äquatorwärts gerichtete Winde, die von den *Hochdruckzellen* der Subtropen aus nach Südwesten bzw. Nordwesten wehen. Sie strömen in einem *Tiefdruckgürtel* zusammen, der die Erde in Äquatornähe umgibt. Diese **Innertropische Konvergenz** (ITC) verlagert sich mit dem Sonnenhöchststand nach Norden und Süden, und zwar im Bereich der Kontinente weiter als über den Ozeanen. Die Karte zeigt den unregelmäßigen Verlauf für Januar und Juli. Das weite polwärtige Vorstoßen wird durch die im Vergleich zu den Ozeanen stärkere Erwärmung der Festlandmassen verursacht, die im Sommer ausgeprägte Tiefdruckgebiete entstehen läßt. Das Hitzetief über Asien ist Ursache für das Vorrücken der ITC bis zum Himalaya.

Der jahreszeitlichen Verlagerung der ITC entspricht eine Verlagerung der gesamten tropischen Zirkulation, so daß die Randbereiche der Subtropen nur im Sommer der jeweiligen Halbkugel unter dem Einfluß des Passats stehen. Die aufsteigende Luftbewegung in der ITC führt zu Kondensation und starken Niederschlägen (vgl. bei AW 110 I–II), die charakteristisch für das tropische Regenklima sind. In den subtropischen Hochdruckzellen herrscht absinkende Luftbewegung vor, so daß Wolkenbildung verhindert wird und die Strahlung der Sonne die Erdoberfläche ohne größere Abschwächung erreicht; extrem hohe Temperaturen sind die Folge (Wüstenklima).

Aus den **Klimadiagrammen** ist zu ersehen, daß den einzelnen Klimazonen charakteristische Jahresmittelwerte der Temperatur zugeordnet werden können (rote Ziffern):

Polare Zone	um	— 10° C
Kalte Zone	um	0° C
Gemäßigte Zone	um	5° C bis 10° C
Subtropische Zone	um	15° C bis 20° C
Tropische Zone	um	25° C

Jahresniederschlag sowie monatliche Mittelwerte von Temperatur und Niederschlag weisen jedoch auch innerhalb einer Klimazone große Unterschiede auf, wie ein Vergleich zwischen Berlin und Aralsk oder zwischen Bilma und Duala zeigt. Die Klimazonen sind daher in **Klimabereiche** untergliedert; bei ihnen ist die zonale Anordnung weniger deutlich ausgeprägt (Afrika) oder durch eine überwiegend meridionale Anordnung überlagert (Nord- und Südamerika). Die Ursachen hierfür liegen darin, daß Ozeanität und Kontinentalität des Klimas, insbesondere die Niederschlagsverteilung, in starkem Maße von Relief und von der Lage zum Weltmeer abhängig sind.

Die **polare Zone** nimmt im wesentlichen die Gebiete der Arktis und Antarktis ein (vgl. AW 91), die jenseits der Polarkreise liegen. Auf der Südhalbkugel hat die polare Zone auf Grund der großen Festlandmasse der Antarktis eine größere Ausdehnung. Sie schließt dort die Meeresgebiete bis etwa zum 45. Breitenkreis ein.
Aus den Klimadiagrammen von Thule und Chesterfield sind die wesentlichen Merkmale des Klimas zu entnehmen; sehr niedrige Temperaturen, jedoch infolge der extremen jahreszeitlichen Schwankungen der Globalstrahlung starke Gegensätze zwischen Winter und Sommer; die Niederschläge weisen ein Maximum im Sommer auf, sind jedoch mengenmäßig sehr gering.
Grönland und die Antarktis sind zum größten Teil mit Inlandeis von mehreren tausend Metern Mächtigkeit bedeckt; in diesem **Eisklima** steigen selbst im Sommer die Temperaturen kaum über den Gefrierpunkt (vgl. Klimadiagramm Thule). Hier finden sich nicht nur die niedrigsten Jahresmittelwerte, sondern auch die niedrigsten Werte, die jemals auf der Erde gemessen worden sind (sowjetische Forschungsstation Wostok in der Antarktis, —88,3° C am 24. 8. 1960). Die extrem kalte Luft des Eisklimas enthält nur sehr geringe Mengen an Wasserdampf, so daß kaum Niederschlag fällt.
Im **Tundrenklima**, das außerhalb des ständig eisbedeckten Teils der Polargebiete vorherrscht, steigen während eines kurzen Sommers die Temperaturen auf 10° C oder sogar 15° C an. Für das Gedeihen einer spärlichen Pflanzenwelt, der Tundra, bestehend aus Moosen, Flechten und niedrigem Buschwerk, reichen die Wärmeverhältnisse aus. Wie das Klimadiagramm von Chesterfield zeigt, sind die Niederschlagsmengen etwas größer als im Eisklima.
Im Bereich der Hudsonbay und in Labrador reicht das Tundraklima bis zum 52. Breitenkreis (der Lage von Bielefeld entsprechend). Das ist darauf zurückzuführen, daß die Hudsonbay im Winter von einer mächtigen Eisschicht bedeckt ist (vgl. AW 80/81) und deshalb nicht ausgleichend, sondern stark abkühlend auf das Umland wirkt. In Europa dagegen ist das Tundrenklima weit nach Norden zurückgedrängt (Nordnorwegen, Halbinsel Kola, Nordrußland), da der warme Golfstrom für mildere Temperaturen sorgt und die Bildung von Meereis auch im Winter verhindert.

Die **kalte Zone** ist nur im Bereich der Kontinente ausgebildet. Auf der Südhalbkugel, wo die Festlandsmassen weniger Raum einnehmen, fehlt sie. Die Südgrenze der kalten Zone liegt am Westrand der Kontinente etwa am 60. Breitenkreis. Nach Osten hin verlagert sie sich weiter südwärts, und zwar in Nordamerika bis auf 47° nördlicher Breite an der Mündung des St.-Lorenz-Stroms und in Asien bis auf 44° Nord. Ursache hierfür sind die Westwinde, die den Westseiten der Kontinente den mildernden Einfluß der Meere zukommen lassen (ozeanisches Klima), während nach Osten hin die ausgleichende Wirkung fehlt (kontinentales Klima).
Die Jahresmittelwerte der Temperatur sind in der kalten Zone zwar höher als in der polaren Zone, liegen jedoch in der Regel noch unter dem Gefrierpunkt. Wie das Klimadiagramm von Tobolsk zeigt, sind die Gegensätze zwischen sommerlichen und winterlichen Temperaturen sehr groß; im extrem kontinentalen Ostsibirien können sie 60 bis 100 Grad Celsius umfassen. Im Winter werden dort die niedrigsten Temperaturen außerhalb der Antarktis gemessen (Oimjakon, Ostsibirien; absolutes Minimum —77,8° C), während im Sommer Temperaturen von 25° C oder gelegentlich sogar von mehr als 30° C auftreten können.

Nach dem griechischen Namen des Nordwindes (Boreas) wird das Klima dieser Zone auch als boreal bezeichnet. Zur typischen Vegetation gehören Birken und vor allem dichter Nadelwald, der in Sibirien Taiga genannt wird (vgl. AW 92/93).

Das **gemäßigte Klima** umfaßt auf der Nordhalbkugel eine Zone, die ungefähr bis zum 35. Breitenkreis reicht. Wie die Karte zeigt, gehören ihr aber auch weiter südlich gelegene Gebiete an (Rocky Mountains, Nepal), die auf Grund ihrer Höhenlage ein gemäßigtes Klima aufweisen. Auf der Südhalbkugel, wo das polare Klima weit äquatorwärts vordringt, ist die gemäßigte Zone auf einen schmalen Streifen beschränkt (Südchile, Südaustralien, Südinsel Neuseelands).

Innerhalb der gemäßigten Zoie lassen sich nach dem Jahresgang von Temperatur und Niederschlag vier Klimabereiche ausgliedern. Das **ozeanische Klima,** verbreitet in Westeuropa, an der Westküste Nordamerikas und im südlichen Chile, weist sehr geringe Temperaturschwankungen und hohe Niederschlagsmengen auf (vgl. Klimadiagramm Cork). Ursache hierfür ist der ausgleichende Einfluß des Meeres, der in Westeuropa durch den warmen Golfstrom noch verstärkt wirkt. In Nord- und Südamerika ist das ozeanische Klima auf einen schmalen Küstenstreifen beschränkt, da hochaufragende Gebirge (Küstengebirge in Kanada, Kaskadengebirge und Sierra Nevada in den USA, Anden in Chile) eine markante Klimascheide bilden. In Mitteleuropa hingegen vollzieht sich der Übergang zum kontinentalen Klima ohne deutliche Grenze.

Das **kontinentale Klima** ist gekennzeichnet durch wärmere Sommer, kältere Winter und geringere Niederschlagsmengen. Cork und Berlin, ungefähr auf gleicher geographischer Breite gelegen, weichen im Jahresmittelwert der Temperatur nur um 1,5 Grad Celsius voneinander ab; im Januar jedoch ist es in Berlin um mehr als 5 Grad kälter und im Juli um 2,5 Grad wärmer als in Cork. Mit zunehmender Entfernung vom Meer nimmt nach Osten hin die Kontientalität zu.

Das **winterkalte Steppenklima** ist durch heiße Sommer, kalte Winter und geringe Niederschlagsmengen charakterisiert. In den USA ist es in intramontanen Becken (Großes Becken, Nevada) und im Mittleren Westen an der Leeseite der Rocky Mountains vorherrschend; in Südamerika findet es sich im östlichen Vorland der Anden (Argentinien). Seine größte Verbreitung hat das winterkalte Steppenklima in der Alten Welt, wo es vom Schwarzen Meer über Kasachstan bis nach China reicht. Auf Grund der Trockenheit und der gegensätzlichen Temperaturverhältnisse ist die Steppe die charakteristische Vegetationsform; ihr entspricht in Nordamerika die Prärie, in Südamerika die Pampa.

Wo küstenferne Lage oder umrahmende Gebirge den Einfluß des Meeres völlig zurückdrängen, herrscht **winterkaltes Wüstenklima.** In den USA gehören die trockensten Bereiche des Großen Beckens hierzu. Auf dem eurasiatischen Kontinent nimmt das winterkalte Wüstenklima große Gebiete zwischen unterer Wolga und Mongolei ein. Hier gedeiht nur noch eine spärliche Vegetation. Die großen Sandwüsten in Kasachstan, Turkmenistan, Sinkiang und der Mongolei sind völlig vegetationslos.

Die **subtropische Zone** umfaßt im wesentlichen das Gebiet zwischen gemäßigter Zone und den Wendekreisen. Für sie kennzeichnend ist hoher Luftdruck, der Absinken und Erwärmung der Luft zur Folge hat. Da hierbei die relative Feuchte der Luft abnimmt, kann keine Wolkenbildung erfolgen, so daß nahezu kein Niederschlag fällt (vgl. Klimadiagramm Siwa). Der subtropische Hochdruckgürtel ist Teil der Passatzirkulation; da sie sich im Winter äquatorwärts verlagert, ist ihr Einfluß auf den Sommer beschränkt. Der Passat kann dem Festland große Niederschlagsmengen bringen, wenn er über dem Meer Feuchtigkeit aufgenommen hat (z. B. Ostküste Australiens); wenn er jedoch vom Festland zum Meer hin weht, bringt er keinen Niederschlag (z. B. Nordwestküste Afrikas). Nach der Verteilung der Niederschläge wird die subtropische Zone in vier Klimabereiche untergliedert.

Das **feuchte Subtropenklima** weist Niederschlagsmengen von mehr als 1000 mm auf. Es ist ein feuchtwarmes Klima, in dem sich Schwüle oft unangenehm bemerkbar macht. Wie die Karte zeigt, ist es dort verbreitet, wo der Passat vor dem Auftreten auf das Festland größere Meeresgebiete überquert und Feuchtigkeit aufnimmt. Hierzu gehören der Südosten der USA, Südchina, Argentinien und die Ostküsten Südafrikas und Australiens. Das Klimadiagramm von Itschang läßt erkennen, daß die Niederschläge überwiegend im Sommer fallen.

Das **mediterrane Klima** ist ebenfalls ein armen Sommern und niederschlagsreichen Wintern (vgl. Klimadiagramm Rom). Die sommerliche Trockenheit ist die Folge absinkender Luftbewegung in den Hochdruckgebieten. Im Winter verlagert sich der Hochdruckgürtel äquatorwärts, und die mediterranen Klimabereiche unterliegen dem Einfluß der niederschlagsbringenden Tiefdruckgebiete, die mit der Westwindströmung nach Osten ziehen. Das mediterrane Klima ist auf kleine Bereiche beschränkt (europäisches Mittelmeer, Kalifornien, Chile, Südafrika, Südaustralien).

Wie dem Klimadiagramm von Misurata zu entnehmen ist, sind im **wintermilden Steppenklima** die Temperaturen höher, die Niederschlagsmengen jedoch erheblich geringer als im mediterranen Klima. Der größte Teil des Jahres (etwa 8 Monate) ist arid, nur während weniger Wintermonate fällt Niederschlag. Es schließt sich östlich (Argentinien, Irak, Iran) oder äquatorwärts (Australien, Chile, Nordafrika) an das mediterrane Klima an.

Ganzjährig arid ist das **wintermilde Wüstenklima,** das oft jahrelang keine Niederschläge aufweist. Es liegt vollständig im Einflußbereich des subtropischen Hochdruckgürtels. Hierzu gehören die großen Wüstengebiete im Bereich der Wendekreise (Mexiko, Nordafrika, Arabien, Iran, Vorderindien auf der Nordhalbkugel und Chile, Namibia, Australien auf der Südhalbkugel). Da keine Wolkendecke die Einstrahlung der Sonne abschwächt, sind die Temperaturen tagsüber sehr hoch und können über 50° C erreichen. Nachts hingegen sinken die Temperaturen stark ab, so daß gelegentlich sogar Frost auftritt. Die extremen Temperaturverhältnisse und die Aridität lassen kaum Pflanzenwuchs aufkommen. Im Bereich von Gebirgen, in der Sahara Ahaggar und Tibesti (gekennzeichnet durch Schraffur), liegen die Temperaturen niedriger, während andererseits in Senken, deren Boden tiefer als der Meeresspiegel liegt (Depressionen) die höchsten Temperaturen gemessen werden (Hitzepol der Erde im Tal des Todes, 85 m unter dem Meeresniveau).

Die **tropische Zone** umfaßt ungefähr das Gebiet zwischen den beiden Wendekreisen. Kennzeichnend sind ganzjährig hohe Mittelwerte der Temperatur. Die Niederschläge sind innerhalb der Tropen sehr ungleichmäßig verteilt; in den äußeren Tropen herrscht ganzjährig oder in den meisten Monaten arides Klima, während in den inneren Tropen die humide Jahreszeit überwiegt. Der Eintritt der Regenzeit folgt der Zeit des Sonnenhöchststandes (Zenitalregen); insgesamt nehmen vom Äquator nach Norden und Süden die Niederschlagsmengen ab.

Das **tropische Wüstenklima,** den Übergang von der subtropischen Zone bildend, weist noch höhere Mittelwerte der Temperatur auf als das wintermilde Wüstenklima. Niederschlag fällt nur sehr selten und ist auf die Zeit nach dem Sonnenhöchststand beschränkt. Verbreitet ist das tropische Wüstenklima in der südlichen Sahara, an der Ostspitze Afrikas, in Südarabien und Nordaustralien.

Das **tropische Trockenklima** schließt sich äquatorwärts an. Wie das Klimadiagramm von Timbuktu zeigt, fallen nur während einer kurzen Zeit von etwa drei Monaten nennenswerte Niederschläge (Zenitalregen). Die spärliche Vegetation setzt sich aus solchen Pflanzen zusammen, die an die Trockenheit angepaßt sind und die langandauernde aride Zeit ohne Schaden überstehen können (Trockensavanne).

Mit Annäherung an den Äquator nehmen im **sommerfeuchten Tropenklima** die Niederschlagsmengen und die Dauer der humiden Jahreszeit zu. Die Temperaturen liegen während der Regenzeit etwas niedriger als im Trockenklima, da die Bewölkung die Sonneneinstrahlung abschwächt (vgl. Klimadiagramm Mundu). Charakteristische Vegetationsform ist die Feuchtsavanne. Verbreitet ist das sommerfeuchte Tropenklima vor allem in Südamerika, West- und Zentralafrika und in Südostasien.

Im **tropischen Regenklima** sind die Niederschlagsmengen in allen Monaten sehr hoch (ganzjährig humid). Die Jahresmengen liegen z. B. in Duala (vgl. Klimadiagramm) sechsmal höher als in Frankfurt (633 mm). Die hohen Niederschlagsmengen sind eine Folge des Aufsteigens feuchtwarmer Luft in der Innertropischen Konvergenz (ITC). Da die ITC zweimal im Jahr den Äquator überquert, ist hier tropisches Regenklima vorherrschend (Amazonien, Kongobecken, Indonesien).

Die Karte verzeichnet tropisches Regenklima aber auch für weit vom Äquator entfernt liegende Gebiete (Südostbrasilien, Zentralamerika, Nordostaustralien). Wo der Passat über dem Meer große Mengen an Feuchtigkeit aufgenommen hat, bringt er den Ostküsten, besonders an der Luvseite von Gebirgen, starke Niederschläge. In Südasien dagegen herrscht nicht an den Ostküsten, sondern an den Westküsten tropisches Regenklima (Westghats in Vorderindien). Zurückzuführen ist das auf die sommerliche Verlagerung der ITC bis zum Himalaya. Ihr strömt von Südwesten feuchtwarme Meeresluft zu. Diese auch als Sommermonsun bezeichneten Winde sind Ausläufer des Südostpassats der Südhalbkugel, die durch die Coriolisbeschleunigung auf der Nordhalbkugel nach rechts abgelenkt werden. Mit der Verlagerung der ITC nach Süden wird der niederschlagbringende Sommermonsun vom trockenen Wintermonsun (Nordostwind) abgelöst (vgl. AW 56 III).

Die Versorgung der Welt mit bergbaulichen Rohstoffen (AW 130)

Darstellung

In der Karte sind wichtige Bergbaustandorte bzw. -regionen nach der **Geldwertmethode** dargestellt. Hierbei werden die Fördermengen den Weltmarktpreisen entsprechend in ihre Handelswerte (in US-$) umgerechnet. Diese Methode bietet erhebliche Vorteile gegenüber den konventionellen Darstellungen nach der Prozentmethode (größengestufte Darstellung jedes Standortes entsprechend dem Prozentanteil am Welttotal des Produktes) und der Mengenmethode (größengestufte Darstellung der Standorte entsprechend der Produktionsmenge). An die Stelle von Prozent- bzw. Mengensymbolen treten *Wertsymbole.* Hierdurch werden Probleme, die bei anderen Darstellungsmethoden auftreten, überwunden:

— Die wirtschaftliche Bedeutung einzelner Produkte, Standorte und Regionen im Rahmen des Weltbergbaues wird optisch sichtbar und kann aus den quantifizierten Signaturen abgelesen werden.

— Die sowohl nach Mengen als auch nach Wertigkeiten stark differierenden Produkte können unmittelbar miteinander verglichen werden.

Natürlich ist das Preisgefüge auf dem Weltmarkt ständigen Veränderungen unterworfen. Einerseits steigen bzw. fallen Preise und Produktionsmengen, andererseits verschieben sich die Paritäten der Landeswährungen zur Bezugsbasis US-$. So hält die Weltbergbaukarte nur die Situation des Jahres 1976 fest, zeigt damit aber weltweite *Grundstrukturen* auf, die weit über das erfaßte Jahr hinaus Gültigkeit besitzen. Denn Verschiebungen im Preis- und Mengengefüge — letztere wirken sich auch bei anderen Darstellungsmethoden aus — verändern die grundsätzlichen Aussagen und Strukturen nur unwesentlich, wenn auch die Ölpreiserhöhungen der letzten Jahre diesem Energieträger einen immer höheren Stellenwert verliehen haben.

Die einzelnen **Bergbaustandorte oder -regionen** sind in einem Mischsystem von Signatur (in Anlehnung an die Piktogramme der Grundkarten) und Zählgitter dargestellt. Die Signatur zeigt die Lage des Fördergebietes, das Zählgitter den dazugehörenden Wert und die geförderte Menge (pro Quadrat 200 Mio. $ bzw. die bei jedem Produkt in Klammern angegebene, diesem Wert entsprechende Fördermenge). Alleinstehende Signaturen ohne Zählgitter repräsentieren einen Förderwert von bis zu 200 Mio. $.

Die **Transportwege** im Seeverkehr machen die Haupthandelsstränge für Erdöl, Eisenerz und Steinkohle sichtbar, die Erzeuger- und Verbraucherländer verbinden. Sie sind in vier Größenstufen auf der Basis der transportierten Mengen ausgewiesen und ermöglichen daher auch Vergleiche mit den Produktionsmengen.

Rot unterlegte Staatenbeschriftung kennzeichnet Länder, bei denen Bergbauprodukte über 50 % des Gesamtexports ausmachen.

Die in *Flächenfarben* dargestellte Einteilung der Erde in die „5 Welten" basiert auf einer von P. Bratzel und H. Müller vorgenommenen Regionalisierung. Hinzugefügt wurde die Kennzeichnung der OPEC-Länder durch eine blaue Schraffur, die jedoch trotz der z. T. hohen Pro-Kopf-Werte beim Bruttosozialprodukt (vgl. AW 170 I) bis auf Libyen und Venezuela (Übergangsländer) den Entwicklungsländern zuzurechnen sind.

Karteninterpretation

Die Karte gibt einen weltweiten Überblick über die räumliche Verteilung der bergbaulichen Standorte sowie das wertmäßige „Gewicht" der einzelnen Produkte.

Im Mittelalter war Silber, seit Anfang des 19. Jh. Gold das wichtigste Bergbauerzeugnis. Um 1850 trat Steinkohle an die erste Stelle und seit Ende des 2. Weltkrieges nimmt Erdöl die führende Position ein. Schon ein erster Blick läßt die überragende Stellung der *Energieträger* im Weltbergbau erkennen, was übrigens auch hinsichtlich der Fördermengen (1976) zutrifft: Erdöl 2922 Mio. t, Steinkohle 2487 Mio. t, Braunkohle 895 Mio. t und zum Vergleich Eisenerz 875 Mio. t mit 496 Mio. t Fe-Inhalt.

Mit Abstand an erster Stelle steht **Erdöl** (362 Sig., 1 Sig. ≙ 8 Mio. t) mit seinen Förderschwerpunkten am Persischen Golf, in der UdSSR und den USA sowie in Nordafrika, Nigeria und Venezuela. Ein Vergleich der Großmächte bzw. Wirtschaftsblöcke zeigt, daß die UdSSR (65 Sig.) nicht nur autark ist, sondern neben der Versorgung anderer COMECON-Länder (nicht dargestellt, da nur Seetransporte erfaßt werden) einen kleinen Teil der Produktion nach Westeuropa ausführt. Die USA (58 Sig.) müssen dagegen bei etwa gleicher Produktion zur Deckung des Bedarfs beträchtliche Mengen einführen. Bei China (11 Sig.) entspricht die Produktion etwa dem (noch) geringen Verbrauch. Trotz der seit dem Erfassungsjahr gestiegenen Produktion der Nordseefelder (1973: 1,8 Mio. t, 1976: 25,5 Mio. t, 1980: 120,0 Mio. t, Plan 1985: 146 Mio. t) sind die westeuropäischen Industrieländer zum größten Teil von Importen abhängig. Japan muß den gesamten Bedarf einführen. Die breiten vom Persischen Golf ausgehenden Transportbänder zeigen, woher in beiden Fällen der größte Anteil des Erdöls geliefert wird. Die als Folge des politischen Umsturzes 1979/80 stark gesunkene Produktion des Iran wird zumindest bisher durch erhöhte Förderung in anderen Golfstaaten z. T. ausgeglichen.

Erdöl-Fördermengen (in Mio. t)

	1973	1976	1979
Naher Osten	1052	1086	1104
davon			
Iran	294	294	145
Saudi Arabien	365	415	510
Irak	99	117	175

Aufschlußreich ist auch ein Vergleich der Entwicklung von Förderung, Raffineriekapazität und Verbrauch sowie der geschätzten Reserven zwischen 1960 und 1979 (s. Tabelle unten; vgl. dazu auch „Alexander Statistik").

Bei der **Steinkohle** (142 Sig., 1 Sig. ≙ 17 Mio. t), die erst Mitte der 60er Jahre als wichtigster Energieträger (gemessen am Energiegehalt) vom Erdöl überholt

Entwicklung der Mineralölwirtschaft in ausgewählten Regionen												
	Förderung			Raff.kapazität			Verbrauch			Reserven		
	1960	1976	1979	1960	1976	1979	1960	1976	1979	1960	1976	1979
Welt	1082	2922	3251	1260	3757	3950	1076	2855	3097	40093	87389	87293
Naher Osten	262	1086	1104	74	152	175	29	72	89	24876	50063	49240
USA	380	460	479	513	798	886	484	822	874	4516	4257	3572
UdSSR	148	520	586	142	482	548	119	382	440	3854	10630	9115
Japan	—	—	—	34	278	276	31	255	265	—	—	—
Westeuropa	13	45	110	230	1060	987	200	705	708	227	3466	3175
BR Deutschl.	6	6	5	41	154	154	34	139	147	73	70	66

wurde, zeigt die Karte ein ausgeglicheneres Bild. Neben den USA (35 Sig.), der UdSSR (32 Sig.), Polen (11 Sig.) und China (28 Sig.) verfügt auch Westeuropa über bedeutende Förderstätten in Großbritannien, Frankreich, Spanien und der Bundesrepublik Deutschland (zus. 15 Sig.); zusätzliche Importe sind auf die günstigen Abbaubedingungen und Preise in Polen, Australien und Südafrika zurückzuführen.

Braunkohle (14 Sig.; 1 Sig. ≙ 56 Mio. t) spielt nur in West (2)- und Osteuropa (8) sowie der UdSSR (3 Sig.) eine bedeutende Rolle. Aufgrund des relativ geringen Heizwertes (1 kg Braunkohle ≙ 0,27 kg Steinkohle) und entsprechend hoher Transportkosten wird sie überwiegend an Ort und Stelle zur Stromerzeugung verwendet; z. B. decken in der Bundesrepublik rund 80 % der Fördermenge rund 30 % der Stromerzeugung ab (vgl. auch „Energieversorgung Europas" AW 128 und „Stromversorgung Deutschlands" AW 129 II). In der DDR erreichte die Braunkohle 1975 bereits 87,2 %, in der Tschechoslowakei 41,8 % der gesamten primären Energieversorgung (BR Deutschland: 19,9 %).

Eisenerz (34 Sig.) ist nach den Energieträgern Erdöl (362 Sig.) und Steinkohle (142 Sig.) und nach Kupfer (45 Sig.) das wertmäßig mit Abstand bedeutendste Bergbauprodukt: 1976 wurden 875,3 Mio. t mit einem geschätzten Fe-Gehalt von 496,1 Mio. t abgebaut. Wie beim Erdöl verweisen die die Weltmeere kreuzenden Transportlinien auf Bedarfsdeckungslücken vor allem in Westeuropa und Japan, die u. a. durch Lieferungen aus Brasilien, Liberia und Australien gedeckt werden; für die westeuropäischen Industrieländer stehen außerdem die hochwertigen Erze aus den Lagerstätten Schwedens (Kiruna/Gällivare) zur Verfügung.

Steinkohle und Eisenerz, besonders wenn sie zusammen in transportgünstiger Lage gefunden werden, sind die Grundlage für die Entstehung der *Schwerindustriereviere*, wie ein Blick auf die Grundkarten der USA (AW 82/83), der UdSSR (AW 50/51), Chinas (AW 57/58) oder die Karte „Eisen- und Stahlerzeugung der Welt" (AW 131 I) belegt. Im Ruhrgebiet sind die ursprünglich an der Standortbildung mitbeteiligten Eisenerz-Lagerstätten längst erschöpft (vgl. „Das Ruhrgebiet 1850 und heute" AW 132); das Fehlen von Eisenerzsignaturen und die Häufung der Verhüttungssignaturen in der Grundkarte AW 8/9 deuten hier die Notwendigkeit beträchtlicher Einfuhren an.

Die **übrigen Bergbauprodukte**, die im vorgegebenen Rahmen (200 Mio. $ pro Sig.) dargestellt sind — *Erdgas, Uran; Erze außer Eisenerz und Kupfer; sonstige Rohstoffe* — treten wert- wie mengenmäßig gegenüber Erdöl, Kohle, Kupfer und Eisenerz stark zurück (134 gegenüber 597 Sig. = 18,3 %). In der Legende nicht erfaßte sonstige Bergbauprodukte trugen nur rund 2 % zum Gesamtaufkommen bei, das 1973 in seiner Summe lediglich 4–5 % des auf der Erde erwirtschafteten Bruttosozialproduktes ausmachte.

Bei den oben genannten Rohstoffen verfügen sowohl Nordamerika als auch die UdSSR über eine Vielzahl produzierender Lagerstätten; insbesondere die UdSSR ist bei fast allen bergbaulichen Rohstoffen unter den wichtigsten Weltproduzenten zu

finden (vgl. „Alexander Statistik"): USA und UdSSR tragen bereits 20 bzw. 21 % der gesamten Bergbausignaturen, d. h. sie produzieren wertmäßig (bezogen auf Preise von 1970, vgl. Legende) über zwei Fünftel des Weltbergbaues.
Die westeuropäischen Industrieländer und Japan dagegen sind bei vielen Produkten fast völlig von Importen abhängig. Da die Transportmengen (im Seeverkehr) oft weit unter dem Stellenwert von jeweils 50 Mio. t liegen, treten sie im Kartenbild nicht in Erscheinung. Verschiedene Entwicklungsländer sind jedoch als Hauptlieferanten bestimmter Rohstoffe erkennbar: Zaire und Sambia (Kupfer), Marokko (Phosphat), Peru (Kupfer), Chile (Kupfer) oder Bolivien und Malaysia (Zinn).
Wie aus dem obigen Text bereits hervorgeht, kann die Weltbergbaukarte in verschiedenen Ebenen ausgewertet bzw. zu verschiedenen Themen ergänzend herangezogen werden. Dies gilt insbesondere hinsichtlich der Energieträger und Eisenerz.

— **Standorte,** die als Fallbeispiele anhand der geographischen Grundkarten behandelt werden (z. B. Kiruna, Hamersleykette, Prudhoe Bay), können ihrem Förderwert entsprechend eingeordnet, mit anderen Standorten verglichen und in Relation zur Weltproduktion des betreffenden Produktes gesehen werden.
— Für ein bestimmtes **Produkt** können wichtige Standorte aus der Karte entnommen sowie die weltweite Verbreitung und die Bedeutung des Produktes im Rahmen des Weltbergbaus betrachtet werden.
— Für eine Reihe von **Staaten** können der Karte grundsätzliche strukturelle Aussagen entnommen werden. Z. B. zu dem OPEC-Mitglied Nigeria: zwischen 50 und 100 Mio. t Erdölexporte bei einer Produktion von etwa 104 Mio. t (13 Sig. à 8 Mio. t; rd. 3,6 % der Weltproduktion). Der Export setzt sich zu über 50% aus bergbaulichen Produkten zusammen; er bringt jedoch nicht die Erträge, die notwendig sind, um das Land aus der untersten Entwicklungsstufe (5. Welt) herauszuführen.
— Schließlich können **weltweite Strukturen und Abhängigkeiten** erkannt werden, die sich wie folgt kurz zusammenfassen lassen (vgl. dazu die unten stehende Tabelle; die Einteilung in Industrieländer, sozialistische Länder und Entwicklungsländer basiert auf einer von UN und FAO für statistische Zwecke häufig verwendeten Regionalisierung):

Der Block der *sozialistischen Länder* ist im Bereich bergbaulicher Rohstoffe weitgehend autark. Die *westlichen Industrieländer* sind mehr oder weniger von Rohstofflieferungen aus den Entwicklungsländern abhängig. Dies gilt besonders für das heute mehr denn je im Blickpunkt des Interesses stehende Erdöl.
Der Block der *Entwicklungsländer* ist für den Weltmarkt bei vielen Rohstoffen der größte Lieferant — jedoch nicht immer der größte Produzent.
Die Problematik der Entwicklungsländer liegt dabei einerseits in der Monostruktur des Außenhandels (Exportanteil der Bergbauprodukte oft über 50 %) und der dadurch bedingten raschen Aufzehrung der eigenen Rohstoffvorräte; andererseits geraten sie mit fortschreitender Entwicklung selbst in die Importabhängigkeit von nicht im Lande geförderten Rohstoffen, vor allem im Rahmen der immer teurer werdenden Energieversorgung.

Anteile der UN-Regionen an der Rohstoffversorgung der Welt (in %)

%-Anteile am Welt-Total	Rohstoffe insgesamt Produktion	Rohstoffe insgesamt Export	Erdöl Produktion	Erdöl Export	Eisenerz Produktion	Eisenerz Export
Sozial. Länder	26,9	9,5	17,4	5,6	33,8	12,1
Industrie-Länder	36,6	40,6	22,4	3,5	44,1	49,6
Entwickl.-Länder	36,5	49,9	60,2	90,9	22,1	38,3
davon OPEC	26,9	32,8	52,0	87,0	3,1	7,1

Anteile der Ländergruppen an den Weltreserven ausgewählter Rohstoffe (in %):

	Industrieländer	sozialist. Länder	Entwickl.-länder
Erdöl	10,1	15,4	74,5
Eisen	35,1	35,7	29,2
Kupfer	41,0	14,1	44,9
Bauxit	38,0	6,0	56,0

Die **Erschließung von Bodenschätzen** ist von verschiedenen Faktoren abhängig: Quantität und Qualität der Lagerstätte (z. B. Metallgehalt eines Erzes), Standortbedingungen wie Transportmöglichkeiten, weltweiter bzw. regionaler Bedarf. Hierbei gewinnt der letzte Gesichtspunkt, Verknappung bei ständig steigendem Bedarf, immer mehr an Bedeutung.

Wie die Karte zeigt, liegen bereits heute eine Reihe wichtiger Förderstätten in *unwirtlichen Regionen,* nahe oder jenseits des Polarkreises (nördliches Kanada, Sibirien), in der Wüste (Nordafrika) oder sogar unter dem Meeresboden (Nordsee, Persischer Golf). Aufschluß über die na-

Weltverbrauch ausgewählter Rohstoffe (in 1000 t)

	1900	1938	1976	Reichweite der Res. in Jahren*
Erdöl	21000	273000	2855000	31/20
Eisen	26000	82500	488100	240/93
Kupfer	499	1869	8558	36/21
Aluminium	8	505	14483	100/31

* bei gleichbleibendem/exponentiell steigendem Verbrauch

turräumlichen Bedingungen dieser und anderer Standorte geben die entsprechenden geographischen Grundkarten.

Generell sollten die großmaßstäbigen *Grundkarten* soweit wie möglich hinzugezogen werden, falls nicht im Rahmen des jeweiligen Themas ohnehin von ihnen ausgegangen wird. Sie zeigen eine Vielzahl zusätzlicher Bergbaustandorte, die zwar weltwirtschaftlich weniger wichtig sind, aber die Situation oder Entwicklungsmöglichkeiten einzelner Regionen oder Länder in größerem Detail charakterisieren.

Die Ernährung der Menschheit (AW 170 II)

Darstellung

Zur Festlegung der durchschnittlichen **Ernährungsbilanz** eines Staates wird nicht der Nahrungsverbrauch als solcher, sondern sein Verhältnis zum Bedarf (*Ernährungsstandard;* in Prozent) herangezogen. Die Ernährungsbilanz ergibt sich dann aus der Kombination von *quantitativen* Aussagen (Kalorienstandard) und *qualitativen* Aussagen (Tierprotein- und Fettstandard). Überschuß, Ausgeglichenheit oder Mangel bei den Standardwerten ergeben sich für ein Land nach folgendem Schema:

Standardgrenzen von Normalnährung zu	bei Kalorien	bei Tierprotein	bei Fett
Überernährung	110 %	entfällt	150 %
Unterernährung	90 %	90 %	90 %

Normalernährung liegt also vor, wenn der Kalorienbedarf zwischen 90 % und 110 %, der Tierproteinbedarf über 90 % und der Fettbedarf zwischen 90 und 150 % gedeckt sind. Dabei ist zu berücksichtigen, daß für jedes Land andere Grenzwerte des Bedarfs bestehen — in Abhängigkeit vom durchschnittlichen Alter, Körpergröße und Gewicht der Bevölkerung, vom Klima u. ä.

Nach diesem Schema ergeben sich z. B. für die Bundesrepublik Deutschland folgende Standardwerte (Daten aus: Alexander Statistik, 2. Auflage):

	Kalorien (kcal)	Tierprotein (g)	Fett (g)
a) Nahrungsverbrauch	3362	54,5	112,2
b) Nahrungsbedarf	2590	26,5	65,0
Standard = (a : b) x 100	129,8 %	205,7 %	172,6 %

Sie gehört somit zu den überernährten Nationen mit Kalorien- und Fettüberschuß.
Aus der Kombination aller Standardwerte lassen sich gegenwärtig *acht typische Ernährungsbilanzen* ausgliedern. Sie können für jedes Land über die Einfärbung der Staatsfläche abgelesen werden. Dabei wurde Tierproteinüberschuß nicht berücksichtigt, da er für die Gesundheit ohne negative Folgen bleibt.
Zusätzlich ist für alle Staaten mit mehr als 5 Mio. Einwohnern die **Bevölkerungszahl** über Zählgitterquadrate (1 Quadrat = 10 Mio.) wiedergegeben. Bei ihnen werden je nach der **Ernährungslage** der Bevölkerung durch vier Farben zusammenfassend *Überernährte, Normalernährte, mangelhaft Ernährte* und *Unterernährte* unterschieden. Aus der Kombination beider Darstellungen kann nun z. B. abgelesen werden, daß in Australien etwa 15 Mio. Überernährte bei Kalorien- und Fettüberschuß und in Indonesien etwa 135 Mio. Unterernährte bei Fett- und Tierproteinmangel leben.
Dies gilt nur im *statistischen Durchschnitt* — häufig werden große Teile der Bevölkerung eine bessere bzw. schlechtere Ernährungslage haben, als es die Karte ausweist.

Karteninterpretation
Das Gerüst der Karte bildet die flächenhafte Darstellung der **Ernährungsbilanz** der Staaten. Farben und Raster sind dabei so gewählt, daß sich entsprechende Länder zu großen farbigen Blöcken — den *Ernährungsregionen* — zusammenfügen, z. B. zum „Hungergürtel", der sich von Südamerika über Afrika nach Asien hinzieht. Hier zeigt sich der große Gegensatz zwischen unterernährten Entwicklungsländern und überernährten Industrieländern.
Insgesamt waren 1976 von der Weltbevölkerung etwa 1232 Mio. Menschen (30,4 %) überernährt, nur 32 Mio. (0,8 %) normalernährt, rund 218 Mio. (5,4 %) mangelhaft ernährt und über 2560 Mio. (63,3 %) unterernährt.
Zieht man die *„Einteilung der Erde in 5 Welten"* (AW 170 I, 130) zum Vergleich heran, so zeigen sich aufschlußreiche Parallelen zwischen Entwicklungsstand und Ernährungsbilanz eines Staates.
Bei den **Überernährten** überwiegt mit 78,3 % der gleichzeitige *Kalorien (K)- und Fett (F)-Überschuß* — z. B. in Australien. *Fettüberschuß* allein (0,7 %) kommt nur noch in Island und Schweden vor, wohingegen reiner *Kalorienüberschuß* (21,0 %) — mit Ausnahme der Industrieländer Japan, Jugoslawien und Rumänien — nur in Ländern der 3. Welt vorkommt. Er ist dort die einzige Form der Überernährung. In allen diesen Ländern ist durch Überernährung die Gefahr gesteigerter Anfälligkeit für *Herz- und Viruserkrankungen* sowie der *Fettsucht* in großem Maße gegeben.
Die für die Gesundheit optimalste Form, die **Normalernährung,** wird im statistischen Durchschnitt nur noch in acht Ländern angetroffen — hauptsächlich in den Schwellenländern, der sogenannten 3. Welt. Hier besteht jedoch durch Anpassung an die Industrieländer bereits der Trend zur Überernährung.
Die Mehrzahl der **mangelhaft Ernährten** ist ebenfalls in den Ländern der 3. Welt anzutreffen. Einfacher *Fettmangel,* die leichteste Form der Unterernährung, ist meist nicht besonders gesundheitsgefährdend. Dagegen kann der *Mangel an hochwertigen Tierproteinen (TP)* bereits zu gefährlichen *Mangelerkrankungen* führen — vor allem bei Kindern.
Der weitaus größte Teil der Menschheit (63,3 %) ist **unterernährt.** Davon leiden 1480,8 Mio. an schwerer qualitativer Unterernährung: dem *Mangel an Fett und Tierprotein.* Dieser sogenannte „schleichende Hunger" setzt die allgemeine Leistungsfähigkeit stark herab und erhöht gleichzeitig die Anfälligkeit gegenüber Infektionen. Totaler *Kräftezerfall* (Marasmus) sowie *Wachstums- und Entwicklungsstörungen* bei Kindern (Kwashiokor) sind häufig die Folge.
Weitere 1080,3 Mio. Menschen — 26,7 % der Gesamtbevölkerung der Erde — leiden durch *zusätzlichen Kalorienmangel* an echtem Hunger, wie z. B. die 629 Mio. Inder. Der Körper zehrt sich selbst auf; nach Abbau der Fettreserven kommt es zur Schädigung der inneren Organe, die am Ende zum *Hungertod* führt.

Die Bevölkerung der »fünf Welten« und ihre Ernährungsbilanz (in Mio. Einw.)						
	1. Welt	2. Welt	3. Welt	4. Welt	5. Welt	Summe
Überernährung	887,1	241,9	103,4	—	—	1232,4 (30,4 %)
(K, F)-Überschuß	765,9	199,0	—	—	—	964,9
(K)-Überschuß	112,8	42,9	103,4	—	—	259,1
(F)-Überschuß	8,4	—	—	—	—	8,4
Normalernährung	—	—	28,6	2,4	1,0	32,0 (0,8 %)
mangelhafte Ernährg.	—	—	179,2	29,7	8,9	217,8 (5,4 %)
(TP)-Mangel	—	—	43,9	13,4	8,6	65,9
(F)-Mangel	—	—	135,3	16,3	0,3	151,9
Unterernährung	—	—	877,5	454,4	1229,2	2561,1 (63,3 %)
(TP, F)-Mangel	—	—	874,4	344,5	261,9	1480,8
(K, TP, F)-Mangel	—	—	3,1	109,9	967,3	1080,3
Summe Bevölkerung	887,1 (21,9 %)	241,9 (6,0 %)	1188,7 (29,4 %)	486,5 (12,0 %)	1239,1 (30,7 %)	4043,3 (100 %)

Überernährung in seiner ausgeprägtesten Variante ist also, wie zu erwarten, nur in den Ländern der 1. und 2. Welt zu finden. Nahrungsmangel dagegen tritt nur in der 3., 4. und 5. Welt auf. Wie Kartenvergleiche zeigen ist er häufig verbunden mit bzw. bedingt durch ein niedriges Bruttosozialprodukt pro Einwohner („arme Länder" AW 170 I), sowie hohe Anteile von Getreide und/oder Knollenfrüchten am Kalorienverbrauch, d. h. einseitige Ernährung (AW 112 II). Eine besonders auffallende Ausnahme ist Kuwait: die Bevölkerung des Landes mit dem höchsten BSP/E. leidet unter Fett- und Tierproteinmangel.

Weitgehende Übereinstimmung mit der Verbreitung des Nahrungsmangels zeigt auch die Ausdehnung der Tropen (AW 113 III) — ebenso die in AW 147 I ausgewiesenen Länder mit starkem Bevölkerungswachstum.

Eine ergänzende Aussage der Karte betrifft den **Import von Grundnahrungsmitteln**. Die starken Einfuhren nach Japan, Westeuropa und die UdSSR zeigen nicht nur den großen *zusätzlichen* Lebensmittelbedarf dieser Industrieländer, sondern zugleich die bevorzugte Versorgung der reichen gegenüber den armen Ländern. Einige der zuletzt genannten führen trotz unzureichender eigener Ernährung sogar große Mengen an Grundnahrungsmitteln aus (AW 112 I) — z. B. Philippinen, Brasilien — ohne mit den Erlösen die Einfuhr fehlender Nahrungsmittel finanzieren zu können: diese Devisen werden häufig für die steigende „Ölrechnung" benötigt.

Das Gesamtproblem der Welternährung ist somit überaus vielschichtig. **Lösungsansätze** liegen im Bemühen um die Steigerung der landwirtschaftlichen Produktion (AW 111–113), um den Ausbau der Verteilungssysteme, den Abbau hemmender Traditionen (Verbot des Genußes von Rindfleisch für Hindus und von Schweinefleisch für Muslims, AW 150 II) und die Verringerung des Bevölkerungswachstums (AW 146, 147 I).

Die Erarbeitung eines Raumes am Beispiel Australien

Auch der lernzielorientierte Unterricht enthält **Elemente „regionaler" Geographie.** So werden einzelne Entwicklungsländer *beispielhaft betrachtet* oder die Großmächte USA und UdSSR *miteinander verglichen* — oder die in kleinräumigen Fallstudien erarbeiteten Einsichten müssen in den Hintergrund eines breiten geographischen Zusammenhanges *eingebettet* werden. Generell erscheint das *Beschaffen von Informationen* über die Welt in der wir leben und das *Gewinnen von Einsichten* in ihre regionale Differenzierung zur Bewältigung der aktuellen wirtschaftlichen und politischen Probleme als *übergeordnetes Lernziel* immer unentbehrlicher.

Hier bietet sich der **Atlas als rationelles Arbeitsmittel** an. Mit der folgenden Ausführung über Australien soll deutlich gemacht werden, welche Ergebnisse mit regional orientierter, instrumenteller Atlasarbeit zu erreichen sind. Die angewandte *Methode* kann dabei auf beliebige Räume — Staaten und Staatengruppen — übertragen werden.

Verwendete Karten und Hilfsmittel:

- *Geographische Grundkarte* Australien und Neuseeland 1:15 Mio. (AW 74–75)
- *Geographische Grundkarte* Australien: Erdteilübersicht mit Nebenkarte Jahresniederschlag (AW 73)
- *Physische Karte* Australien: Erdteilübersicht mit Nebenkarte Tektonik (AW 72)
- alle *thematischen Weltkarten* des Atlas (Auflistung AW VIIa, Graphische Übersicht AW X–XI)
- *Die Staaten der Erde — Statistische Übersicht* (AW 177)
- Stichworte des *Sachregisters,* z. B. Schafe (AW XII–XIII)
- Erläuterung ausgewählter *Legendenbegriffe,* z. B. artesischer Brunnen (AW 182–185).

Australien, weit abgelegen von den meisten anderen Kontinenten (AW 94/95, 96) ist der kleinste von ihnen (AW 146, 177). In seiner **Oberflächengestalt** (AW 72) wird es vor allem durch die Gebirgszüge der *Great Dividing Range* im Osten (höchste Erhebung ist mit 2230 m der Mount Kosciusko), das tief gelegene *Große Artesische Becken* sowie die Tafel- und Bergländer des *Australischen Schildes* im Westen charakterisiert.

Tektonisch (AW 72, 97) gehört sein Kern als Teil des Gondwanalandes zu den *präkambrischen Urkontinenten.* Dieser Grundgebirgsschild liegt heute zum Teil frei, zum Teil ist er jedoch unter Schichtstufen- und Tafelländern oder jüngeren Tiefland- und Beckenablagerungen verborgen. Das langgestreckte Faltengebirge der Great Dividing Range ist bereits im *Paläozoikum* (variskisch-kaledonische Faltungsphase) an den damaligen Festlandskern angeschweißt worden. Die Bereiche der *alpidischen* Faltung mit tätigen Vulkanen und häufigen Erdbeben sind auf Neuguinea und Neuseeland beschränkt. Mit Tasmanien und Neuguinea ist Australien durch eine *Schelfbrücke* verbunden.

Klimatisch (AW. 108) gehört der nördlich des südlichen Wendekreises gelegene Teil des Kontinents zur *tropischen Zone:* tropisches Wüsten- und Trockenklima. In der geographischen Grundkarte (AW 74/75) weisen Mangroveküsten, Korallenriffe und Zuckerrohranbau darauf hin. Das südlich anschließende Gebiet gehört zur *subtropischen Zone:* Wintermildes Wüsten- und Steppenklima bestimmt einen großen Teil des Erdteilinneren. Im Südwesten und im Raum um Adelaide finden wir mediterranes Klima (Wein, Zitrusfrüchte). *Gemäßigtes Kontinentalklima* ist auf den äußersten Süden bei Melbourne und auf Tasmanien beschränkt. Durch relativ *hohe Niederschläge* (AW 73) begünstigt, kommt es in den östlichen Gebirgsländern zur Ausbildung des feuchten Subtropenklimas — im Nordteil sogar des tropischen Regenklimas.

Das Bild der **natürlichen** (potentiellen) **Vegetation** (AW 109) ergibt sich aus dieser Klimazonierung: Halbwüsten, Trokkensavannen, Grasland und Gestrüpp (Scrub) kennzeichnen das trockene Innere, Feuchtsavannen und Mangroveküsten begegnen uns im tropischen Norden, mediterrane Vegetation im sommertrockenen Südwesten bzw. -osten. Die östlichen Gebirgsketten sind im Norden von tropischem Regenwald bedeckt, der nach Süden über subtropischen Feuchtwald in sommergrünen Wald übergeht.

In der *geographischen Grundkarte* (AW 74/75) ist dieses Vegetationsbild unter Berücksichtigung der durch den wirtschaftenden Menschen bewirkten Veränderungen im großen Maßstab differenziert dargestellt.

Die **Inwertsetzung des Landes** ist im einzelnen wie folgt gekennzeichnet:

Das gegenwärtig genutzte **Ackerland** macht etwa 100 000 km² aus (AW 111 I: vier Kreissignaturen zu je 25 000 km²; einer anderen Bewertung nach sind 6 % der Fläche, d. h. etwa 460 000 km², Ackerland und Dauerkulturen). Es ist auf die feuchteren Gebiete im Südwesten und -osten beschränkt.

Völlig ungenutzt sind nur die Halbwüsten des Inneren — etwa 20 % der Gesamtfläche. Die Grasländer dagegen dienen der **Weidewirtschaft** mit festen Siedlungen (Ranching: AW 111 II; ungefähr die Bereiche mit mehr als 250 mm Jahresniederschlag), in der neben 20 Millionen Rindern etwa 165 Millionen Schafe gehalten werden. Weideland nimmt insgesamt 58 % der Fläche Australiens ein (AW 177). Im Südwesten und -osten liegen die intensivst genutzten Zonen mit *Milchwirtschaft und Schafhaltung* — z. T. in enger Verflechtung mit dem Ackerland. Die Grasländer des Landesinneren sind extensiv genutzt — häufig führen von hier aus Stichbahnen zu den Exporthäfen (Wolle, Fleisch). Die Beispielkarte „Schaffarm" (AW 117 II) vermittelt ein Bild von dieser Wirtschaftsregion.

Trotz der Dürre und Trockenheit (rosa und hellbraune Farben in AW 74/75) verfügt das Landesinnere über bedeutende *Wasserreservoire:* Ein großer Teil des Ostens wird von artesischen Becken eingenommen, die aus den niederschlagsreichen Randgebieten gespeist werden — vor allem in Queensland und Neusüdwales, weniger in kleineren Becken des westlichen Küstenbereiches. Das leicht brackige Wasser ist allerdings nur zum Tränken der Tiere geeignet.

Zur flächenhaften Anlage von **Bewässerungsland** kommt es daher, mit geringen Ausnahmen, nur entlang des Murray und seiner Nebenflüsse. Die meisten Flüsse sind z. T. oder auch ganz als periodisch wasserführend — oder wie im Landesinneren sogar als Wadis — gekennzeichnet. Wasserpipelines zu kleinen Bergbau- oder Industrieansiedlungen sowie die braunen Salzpfannensignaturen deuten auf die Trockenheit hin. Die häufig auftretende Bezeichnung „Wüste" ist hier jedoch irreführend (vgl. A 73, 74/75): Echte, vegetationslose Vollwüsten gibt es, wie auch die Legende ausweist, in nennenswertem Umfang nicht.

Die **landwirtschaftliche Produktion** gewährleistet eine überdurchschnittliche Ernährung mit Kalorien- und Fettüberschuß (AW 170 II) und ermöglicht außerdem den Export landwirtschaftlicher Produkte — trotz eines geringen Düngemitteleinsatzes von unter 50 kg/ha Kulturland (AW 112 I). Von den etwa 14 Mio. Einwohnern sind weniger als 5 % in der Landwirtschaft tätig (AW 112 I), von den Erwerbstätigen sind es dagegen etwa 6 % (AW 177).

Wesentliche Agrarimporte werden nicht benötigt (AW 170 II, 112 I). Die dargestellten *Netto-Agrarexporte* setzen sich im wesentlichen in folgender Weise zusammen (AW 112/113): Weizen 7,5 Mio. t (in der Karte Druckfehler 10,5 Mio. t), d. h. etwa 62,5 % der Produktion; Fleisch etwa 0,84 Mio. t; Milch, Butter und Käse etwa 0,54 Mio. t; Zucker etwa 1,7 Mio. t (= etwa 50 % der Produktion); Wolle 0,6 Mio. t (= etwa 50 % der Produktion).

Dank einer Eigenproduktion von etwa 12 Mio. m^3 Holz können etwa 4 Mio. m^3 ausgeführt werden. Nach der Staatenstatistik (AW 177) sind Wolle mit 11 %, Weizen mit 8 % am Wert aller Exporte beteiligt.

Australien gehört zu den **Industrieländern** mit höchstem Entwicklungsstand (AW 130). Wichtige Bergbau- und Industriestandorte sind in der geographischen Grundkarte (AW 74/75) ausgewiesen.
Bodenschätze stehen im beträchtlichen Umfang zur Verfügung. Die *Eisenerze* der Hamersleykette im Nordwesten des Landes, die *Steinkohlen* des Südostens und die *Bauxite* von Weipa haben weltwirtschaftliche Bedeutung. 12 % des Exportwertes entfallen auf Kohle, 8 % auf Eisenerz (AW 177). Die Eisenerze werden in großem Umfang nach Japan exportiert. Australische Kohle ist selbst in Europa konkurrenzfähig.
Bei einem **Energieverbrauch** von über 4000 kg SKE pro Kopf (AW 125 I/II) muß Erdöl in bescheidenem Umfang importiert werden. Im ganzen bleibt die *Energiebilanz* jedoch positiv, da dem Import von 10 Mio. t SKE Erdöl ein dreifach so großer Export von Kohle gegenübersteht. Die zukünftige Energieversorgung scheint gesichert, da beträchtliche Reserven von Erdgas zur Verfügung stehen (AW 125 II).
Der **Rohstahlverbrauch** Australiens (AW 131 I) entspricht mit 300 bis 500 kg pro Einwohner (AW 177: 365 kg/E) und Jahr dem der meisten anderen westlichen Industrieländer. Die Stahlproduktion liegt zwar unter 20 Mio. t, deckt jedoch in etwa den Eigenbedarf.
Das **Bruttosozialprodukt** (AW 170 I, AW 177) weist Australien als eines der reichsten Länder der Welt aus. Das Pro-Kopf-Einkommen entspricht nicht ganz dem der Bundesrepublik, der Anteil des tertiären Sektors hat jedoch 50 % weit überschritten. Relativ hoch für ein Industrieland ist der Anteil des Landwirtschaftssektors.
In den **Welthandel** (AW 141 III) sind Australien und Neuseeland mit einem Export von 13,6 und einem Import von 12,1 Mrd. Dollar einbezogen, landwirtschaftliche Produkte machen 25 bis 50 % des Außenhandels aus. Die Handelsbilanz ist positiv, Haupthandelspartner sind Westeuropa und Japan, wobei die Importe vorwiegend aus Westeuropa kommen.

Mit einer **Bevölkerung** von etwa 14 Mio. (AW 146, 177) ist Australien der am dünnsten besiedelte Kontinent. Dem menschenleeren Innern mit weniger als einem Einwohner pro km^2 stehen die städtischen Zentren der Randgebiete besonders an der südlichen Ostküste gegenüber. Mit den Millionenstädten Sydney und Melbourne erreicht der Verstädterungsgrad Australiens über 80 % (AW 147 II; AW 177: 86 %).
Das Bild der Bevölkerungsverteilung wird durch die Karte der *Rassen* (AW 148 I) weiter modifiziert. In den dünn besiedelten Gebieten überwiegen die australischen Ureinwohner, die dichter besiedelten oder durch Beweidung wirtschaftlich genutzten Gebiete werden von den Weißen eingenommen. Letztere sprechen vorwiegend Englisch (AW 150 I). Der *Religion* (AW 150 II) nach sind sie zu drei Viertel Protestanten, zu einem Viertel römisch-katholische Christen; die Ureinwohner hängen noch heute Stammesreligionen an.
Die natürliche *Bevölkerungsentwicklung* (AW 147 I) zeigt mit einer Geburtenrate unter 2 % und einer Sterberate unter 1,5 % nur ein geringes Wachstum. Der Anteil der 15jährigen an der Gesamtbevölkerung liegt unter 30 %, der Anteil der über 65-jährigen zwischen 5 und 10 %. Die Lebenserwartung eines 1975 geborenen Australiers beträgt 73 Jahre. Diese günstigen Verhältnisse sind begründet in der geringen *Kindersterblichkeit* von 1,43 % und einer sehr guten *ärztlichen Versorgung* (weniger als 1000 Einwohner pro Arzt, AW 171 III a). Der hohe Bildungsstand kommt in dem geringen Anteil der *Analphabeten* zum Ausdruck (AW 171 III b: unter 5 %).
Australien bildet mit Tasmanien eine **politische Einheit** (AW 166/167), seine Hauptstadt ist Canberra. Es wurde zwischen den Weltkriegen (1931) voll unabhängig und ist als Staat mit der britischen Königin als Staatsoberhaupt bundesstaatlich organisiert (AW 168 I/II; vgl. auch AW 74/75).